DU MÊME AUTEUR

Des néons sous la mer, *Verticales, 2008 ; « Folio » nº 5090*
Mélo, *Verticales, 2013 ; « Folio » nº 6097*

je suis capable de tout

frédéric ciriez

je suis capable de tout

roman

verticales

I

MENTAL COACHING

Sportifs de classe mondiale, joueurs de poker professionnels, hommes et femmes politiques, gloires du show-business, leaders d'opinion, pionniers du web, grands patrons, décideurs internationaux, idéologues contestataires, cadres militants, élites des forces spéciales, entrepreneurs artistiques, intellectuels stars, promoteurs religieux : j'ai coaché **les plus grands de ce monde**. Booster leur potentiel mental a été ma principale activité pendant vingt ans, jusqu'à ma rencontre avec l'Au-delà il y a quinze mois.

Ma méthode de mental coaching n'est pas exceptionnelle, elle a le privilège d'être unique – sachez-le, les personnalités ne recherchent pas l'exceptionnel, seulement l'unique, ce qu'elles et elles seules peuvent obtenir sans avoir besoin de le partager. Des coachs qui offrent des process de travail hors norme, je dirais qu'avec les célébrités, c'est banal. Mais des coachs qui proposent des exercices vraiment inédits, qui font reposer leurs entraînements sur des approches exclusives de la réalité mentale, c'est très rare. J'ai longtemps pensé que je garderais mes techniques secrètes mais je considère qu'aujourd'hui, après mon Voyage, j'ai une dette envers vous et la vie.

Je crois en votre développement mental. Si vous tenez ma méthode entre les mains, ce n'est pas un hasard. Vous croyiez peut-être que vous n'étiez rien, mais c'est faux. **Vous êtes un champion.** Même si vous n'osez encore y croire, au terme de cette lecture, vous aurez les armes pour devenir le vainqueur de vos propres autolimitations. Pour être meilleur que vous n'êtes aujourd'hui.

Être une star ou une personnalité de rang mondial n'est rien. Parfois même on ne choisit pas de voir s'abattre sur soi l'amour de la foule, comme ces vedettes de la télé-réalité qui ne savent rien faire de leurs dix doigts et semblent élues par le désir de la société. Être un champion comme je le suis moi, au maximum de ses capacités, est une tout autre paire de manches… La notoriété n'entre en rien dans votre accomplissement de triomphateur, mélange d'humilité, d'orgueil, de projet et d'action. Moi-même, je suis un champion et une star. Mais avant de devenir une star, j'étais un champion qui tout aussi bien aurait pu ne jamais devenir célèbre… Je vous le redis, si vous tenez ce livre entre vos mains, c'est que vous avez déjà effectué la moitié du chemin pour révéler votre valeur, à vous et aux autres. Ne vous laissez pas polluer par le monde extérieur – médias, famille, crédits, stress. Être champion, c'est **être Dieu, tout seul.**

Je voudrais que vous lisiez ma méthode MC comme si vous entendiez ma voix. Comme si ma parole devenait peu à peu la vôtre et se mettait à filtrer dans votre organisme telle une solution énergisante ISO-X *power drink blue*, eau pour le sport. Votre course vers le renouveau sera difficile. Vous connaîtrez quelques hauts et beaucoup de bas. Mais je serai là. Et vous m'écouterez. Comme un ami à qui vous accordez le plus précieux des cadeaux : la **confiance.** Ma méthode MC vous appelle. J'en serai le Maître de Cérémonie. J'ai faim de vous. Je suis la vie et je vous cherche. Vous m'avez trouvé comme elle m'a trouvé, Elle, avant de me livrer le **secret du mental coaching absolu.**

J'aimerais qu'un jour mon livre côtoie la Bible dans les motels d'Amérique et d'Europe, le Coran dans ceux du monde arabe ainsi que les grands livres de sagesse orientale en Inde et en Asie. Une chance serait ainsi donnée à la promotion d'une vision moderne de l'existence et du mouvement, liée à l'expérience de mon propre déplacement mental. Je respecte les textes sacrés mais ils sont aujourd'hui datés et devraient intégrer des exemples avérés de réussites contemporaines, comme la mienne.

Que vous me lisiez ou suiviez mes vidéoconférences, mon coaching résonne déjà en vous.

Oui, vous allez vous reprendre. Agir. Vous projeter de nouveau. Désormais, vous et moi, nous allons partager quelque chose de durable : le **succès**.

Je viens d'une famille de la haute bourgeoisie parisienne. J'ai grandi jusqu'à ma majorité dans un appartement en rotonde de quatre cents mètres carrés situé avenue Henri-Martin, dans le XVIe arrondissement. Enfant, j'aimais sprinter dans la courbe des couloirs de notre domicile, comme sur une piste d'athlétisme, même s'il fallait se méfier des portes qui pouvaient s'ouvrir inopinément et des domestiques qui surgissaient parfois sans crier gare. Mon père était astrophysicien et s'intéressait à l'exobiologie – la recherche de vie extraterrestre dans l'Univers. Ma mère se contentait de nous élever, moi, mes deux sœurs et mes deux frères. Mes parents ne sont malheureusement plus de ce monde – où sont-ils d'ailleurs ? – mais je revois avec plaisir le reste de ma famille dès que je suis de passage à Paris, en général pour les fêtes de fin d'année ou pour des séminaires internationaux.

Mes frères ont tous réussi dans la vie, ce dont je suis très fier, moi qui ai tellement eu peur d'**échouer avant de réussir** : Jean est avocat d'affaires et Philippe professeur de droit constitutionnel à la Sorbonne. Mes sœurs aussi ont réussi : Thérèse est dermatologue, maman de deux enfants mariée à un chirurgien spécialiste des organes digestifs ; quant à Delphine, la cadette, elle est professeure de grec ancien dans un grand lycée parisien et vit avec la directrice de l'établissement. Je sais que tous sont fiers de moi, même si j'ai pris un tout autre chemin en devenant champion olympique du cent, deux cents et quatre cents mètres hommes, puis coach mental de personnalités.

J'ai connu une enfance heureuse quoique tourmentée par la prédominance chez moi du **corporel** sur le **mental**. Cela se traduisait 1) par un besoin farouche de courir le plus vite possible 2) par de mauvais résultats scolaires au collège Janson-de-Sailly, d'où l'on m'a congédié pour m'expédier au Lycée sportif de Saint-Denis, dans la banlieue nord de Paris, où j'étais le seul Blanc de la « filière sprint ».

D'aussi loin qu'il m'en souvienne, j'ai toujours couru. Je n'ai jamais pu m'en empêcher. Adolescent, ma vélocité ne connaissait pas de limites. Passé mes treize ans, au lieu de me masturber et de jouer aux jeux vidéo comme tous les garçons de mon âge, je fuguais la nuit pour courir dans la capitale. Mon terrain de course préféré était le bois de Boulogne, où je découvrais la vraie vie des hommes, fascinante (elle m'attirait) et répugnante (elle me repoussait). Parfois, comme lors de courses d'obstacles, je sautais au-dessus d'inconnus accouplés dans les allées du Bois. Parfois encore, j'étais pris en chasse par la police et n'aimais rien tant que semer les forces de l'ordre dans les sous-bois. Puis je rentrais chez moi en toute discrétion grâce à la clé digitale Vigik qui me permettait d'ouvrir les portes en silence.

Mais la pleine prise de conscience de mon talent de sprinter, de ma vitesse, je l'ai eue sans aucun doute grâce au magnifique lévrier galgo noir de ma tante Geneviève que je promenais le dimanche matin sur l'avenue Georges-Mandel déserte, jusqu'au Trocadéro. Ma tante l'avait adopté par l'intermédiaire d'une association francilienne de défense des lévriers espagnols maltraités. Ces chiens de chasse, spécialisés dans la traque des lièvres et des renards, participent souvent à des courses rurales organisées par leurs maîtres paysans. Malheur à ceux qui perdent et déshonorent leur propriétaire ! On les pend aux arbres, on les noie dans des puits, on leur sectionne les antérieurs… Serge – c'était son nom – avait deux longues cicatrices sur les flancs, vestiges de la cruauté de son éleveur andalou. Il avait survécu et était parvenu jusqu'à ma tante. Je m'arrangeais toujours pour le descendre seul. Une fois dans la rue, je m'amusais à donner du mou à sa laisse et, dès qu'il accélérait, je tentais de le suivre sur quelques mètres… J'étais obligé de le retenir bien sûr (il atteignait facilement les soixante kilomètres / heure en quatre ou cinq secondes, avait vraisemblablement été croisé avec un lévrier anglais greyhound pour courir plus vite, était capable de pointes supérieures à cent kilomètres / heure sur cynodrome, la piste des courses de lévriers), mais que de progrès j'ai accomplis à ses côtés !

Je crois que Serge a compris d'instinct ma nature de sprinter. Lorsque je jouais avec lui, je sentais qu'il modérait ses accélérations pour que je reste dans son sillage. Il voulait me **transformer**. Il flairait le lévrier en moi. Au fond, mon premier coach fut un chien. Puis ma tante est morte et mes parents, qui n'aimaient pas les animaux, l'ont confié pour s'en débarrasser à un éleveur de Soissons, en Picardie. Je n'ai jamais revu Serge, et pourtant, que j'aurais aimé recroiser sa silhouette, ses jambes altières et ses flancs maigres torturés au couteau, ses yeux noirs et son museau fendant l'air de la rue de la Pompe. Mais ce n'est pas lui que j'ai revu mais Elle que j'ai vue, Elle, souveraine et sexuelle sur la terrasse de ma suite, et sur le coup je n'ai pas eu peur, je suis devenu glacé comme une bière.

La vie a passé. Je ne vais plus au Bois et Serge a rejoint le paradis des animaux, lui qui avait connu l'enfer sur terre, en Espagne, avant d'être adopté par ma tante. J'ai choisi la **lumière** et la **vitesse** plutôt que l'obscurité et la lenteur en accédant au rang de premier Blanc de l'histoire de l'athlétisme à descendre sous la barre des neuf secondes sur cent mètres.

C'est peut-être pour cela que je suis devenu le meilleur sprinter de tous les temps : parce que mon inconscient me disait de fuir les policiers qui m'empêchaient de découvrir la vraie vie des hommes, la nuit, au bois de Boulogne.

C'est peut-être pour cela que je suis devenu le coach mental numéro 1 des célébrités : parce que mon inconscient me disait d'**améliorer le genre humain** que j'avais vu avili dans les travées du Bois.

J'ai découvert la préparation mentale lors de mon premier stage en Californie, à l'âge de seize ans. Au contact des futurs plus grands sprinters de la planète, mes yeux se sont soudain ouverts : en France, au centre d'entraînement de Saint-Denis, je bénéficiais d'excellents entraîneurs, de préparateurs physiques de haut niveau, de nutritionnistes efficaces, mais pas d'un préparateur mental digne de ce nom. La fonction était diluée dans les autres modules de ma formation. Grave erreur ! Tandis que je gagnais régulièrement les championnats européens juniors sur cent et deux cents mètres, quelque chose me bloquait dès que je devais affronter les redoutables sprinters nord-américains, dopés ou pas. Je faisais ce qu'il faut bien appeler un **complexe**.

De retour de mon stage, auquel ne voulait clairement pas que je participe mon entourage français – celui-ci craignait que je n'émigre outre-Atlantique et conteste ainsi l'omnipotence de la Direction technique nationale –, j'ai changé du tout au tout ma vision du sprint en comprenant que le mental faisait la différence, pas seulement les jambes. Initié à l'**hypnose active** par Jack Rogers, le fondateur du Sacramento Sprint Club, je revenais en Europe le moral gonflé à bloc et gagnai une demi-seconde sur mes meilleurs chronos de l'époque... Je devais me rendre à l'évidence : un déclic avait eu lieu.

Cette année-là, les championnats du monde juniors se déroulaient à Oslo, en Norvège. En finale, j'étais le seul Blanc sur la piste, contre neuf Noirs... J'ai mis mon inconscient en **mode victoire** et pensé très fort à Serge. *On your mark, get set, go !*... Une propulsion anticipée à la limite du faux départ, un premier dix mètres fracassant qui me plaçait déjà en tête, une accélération terrible jusqu'au soixante mètres sans même imaginer depuis l'ingrat couloir 9 que quelque chose ou quelqu'un existât à part moi, puis une digue a cédé dans mes jambes et plus rien ne m'a retenu – je me suis senti **pur comme le cristal**, prêt à voler en éclats ou à tinter jusqu'à la fin des temps. Résultat : une course techniquement parfaite, sans parasitage ni autolimitation de circonstance face à des adversaires objectivement plus performants que moi ; un chrono de 9,19 secondes avec un vent défavorable de 2,50 mètres / seconde – les spécialistes apprécieront... On m'a tout de suite accusé de dopage, ce que les tests de contrôle urinaire ont bien évidemment démenti. Une fois franchie la ligne d'arrivée, je me suis tourné vers mes entraîneurs : l'espace d'un instant j'ai cru voir Serge à leurs côtés, ses yeux noirs étincelants braqués sur moi... Je réalisai tout à coup que je pouvais atteindre mon rêve : devenir champion olympique de la discipline reine, et courir aussi vite qu'un lévrier.

Les yeux de Julie sont bleu sombre, caramélisés par des verres Tom Ford, et remuent à peine tandis qu'ils perçoivent vaguement la plage déserte au-delà de leur cible, sur fond d'horizon outremer, intense et scintillant.

Le rivage de l'île du Levant apparaît ocre sous la fraîcheur matinale en voie d'évaporation, ombré par endroits comme de longs cils par les pins parasols en arrière-plan. D'est en ouest ne se distingue nulle caravane ou tente de camping, nulle habitation à part, sur la gauche, à une cinquantaine de mètres, un poste de surveillance surmonté d'un drapeau vert. Face à la plage, au loin, se devine ou plutôt s'oublie le continent, aux lignes tremblantes sous les premières brumes de chaleur.

La tête ne bouge pas, posée sur le dossier incliné d'un transat, protégée à l'oblique par un parasol pistache à franges vanille qui lui fait une ombrelle disproportionnée, *ice cream* sous le ciel uniforme, près d'une bouteille d'eau et d'un paquet de biscuits suédois. Le nez est fin, légèrement retroussé, mutin. Les cheveux auburn coupés en balayage sur le front mat et déjà bronzé ont des reflets d'or, comme des étincelles. Le visage est lui aussi doré et couvert de petites taches de rousseur. Les pommettes sont hautes, les joues creuses, sculptées par une diète pré-estivale. La poitrine, ferme et volumineuse, arbore deux larges mamelons bruns. Les chairs en liberté sur le seul transat occupé pour l'heure au Sun Beach Club sont couvertes d'une crème anti-UV qui double l'épiderme d'une fine pellicule translucide – fluide, onguent, ou film d'emballage alimentaire.

Julie se redresse et regarde vers la droite, d'où ne surgit cependant personne. Puis elle reprend sa position initiale, et ses yeux protégés du soleil se remettent d'eux-mêmes en immersion dans *Mental Coaching, ma méthode, mes succès*, de Paul Béranger, où ils naviguent lentement, comme en apnée, pris au piège d'un fond marin fait de sable blanc et de lignes de corail noires horizontales et régulières sorties de la Nouvelle Imprimerie Laballery – Clamecy, Nièvre (58).

De nouveau la vacancière se tourne vers la droite et voit arriver celle qu'elle attend, fine et lente silhouette dans l'axe septentrional du fort de Brégançon, au-delà de la mer où, disent les dernières informations estivales, séjourne pour le week-end la présidente de la République. Le corps se précise. Il s'agit d'une adolescente de seize ou dix-sept ans plutôt grande, avec de petits seins blancs à peine proéminents, comme des œufs sur le plat. Neko se débarrasse de son sac de plage Mangaland et s'allonge sur un transat (Neko, « petit chat » en japonais : ses amis la surnomment ainsi en raison de sa mangaphilie, elle-même se surnomme ainsi, Julie a également fini par la surnommer ainsi, oubliant presque qu'elle lui a un jour donné un prénom à l'état civil). Elle ressemble à sa mère mais son nez est plus grossier. Quelques boutons d'acné souillent son front et son menton. Elle est maigre, sans hanches, sans fesses. Seuls ses cheveux mi-longs ont l'éclat maternel, avec un je-ne-sais-quoi d'anglais et de champêtre dans leur ondulation végétale.

Assise elle prend de l'écran total et en applique méthodiquement sur son corps blanchâtre, du bout des doigts. Ses ongles sont mandarine. Ses yeux vivent derrière des lunettes de soleil à monture également mandarine, de la marque Mandarin'. Le silence règne comme l'azur entre la mère et la fille, et la mère demeure immobile, concentrée, consciencieuse, ailleurs, en transat. Neko déploie un parasol au-dessus de sa place puis s'assoit, les genoux serrés contre son abdomen, et consulte son iPhone, sans sourire, avec assiduité. Elle suit sur Messenger le fil actu de sa bande d'amis et d'amis d'amis. L'été bat son plein, crépitement de smileys et d'affects génitaux surgissant de camps de vacances dans les Landes, de locations sur le littoral des pays du sud de l'Europe, de maisons échangées aux quatre coins du monde, de banlieues caniculaires.

Daphné J_R : « girls g envie d etre dans chakune 2 vous a la plage je vs M pr tjs t ou neko ? »

La jeune fille hésite. Elle déroule la liste des intervenants, trie, détruit, valide des pseudos et des photos de vacances. Puis elle se redresse, son bras gauche s'élevant dans la lumière neuve, sa main sur l'iPhone masquant le soleil, et l'adolescente déclenche un selfie qu'elle envoie à ses amis et amis d'amis, faussement hilare, les dents couvertes d'un appareil dentaire, ses petits seins brillant de crème indice 50, avec dans son dos un bout de l'enseigne bleue Sun Beach Club.

« *Ich bin da!* » (elle apprend l'allemand).

Sur la plage, les familles sont majoritaires, au côté de couples homosexuels hommes et femmes, et de retraités. Il y a peu d'estivants seuls et parmi eux, aucune femme.

La mer attire ses premiers baigneurs. Le soleil, à l'est, est pâle, visible d'un tiers.

Une vedette de touristes longe la côte, en provenance du continent – Hyères-les-Palmiers, Le Lavandou, les autres noms du Soleil.

Quelques voiliers voguent à un ou deux milles.

Aussi un escorteur de la Marine nationale immatriculé à Toulon sur le pont duquel les matelots en short et chemisette rient en observant le rivage avec des jumelles longue portée.

Neko se lève et dit à sa mère : « Y paraît que la présidente est en vacances au fort de Brégançon avec son nouveau mec, l'acteur. »

Elle part se baigner.

On ne devient pas coach mental par hasard. C'est un métier de prestige où l'on attend énormément de votre personne, où il faut toujours se remettre en cause et témoigner de qualités psychologiques supérieures ; où il convient par-dessus tout de trouver la bonne **distance** face au **coaché** : ne pas le dominer pour qu'il vous jalouse alors qu'il pense vous être a priori supérieur ; être naturellement proche de lui pour travailler avec empathie, mais pas trop cependant, afin de ne pas devenir son maître et le déposséder d'une personnalité déjà douloureuse, qui de fait pose problème puisqu'il a fait appel à vos services. Au fond, il faut se méfier de la dérive sectaire et ne pas transformer les célébrités en **esclaves**. Moi-même, je me contente d'aider les coachés à réaliser leur rêve à condition qu'ils s'en donnent les moyens mentaux. Le processus d'obtention d'un mental de **champion de la vie** est le même pour chaque être humain. Quand on sait coacher une célébrité, voire même la Célébrité de toutes les célébrités, on sait coacher tout le monde.

J'ai souvent été copié mais jamais égalé. Tout simplement parce que personne ne peut se prévaloir d'un parcours aussi complet que le mien : outre mes trois médailles d'or olympiques, j'ai toujours été à l'affût des innovations techniques les plus décisives dans le domaine du **coaching des consciences**. Encore aujourd'hui, quand j'entends parler d'une nouvelle méthode ou de nouvelles approches de la communication mentale, j'aime savoir de quoi il retourne. Malheureusement, je suis souvent déçu. Il faut se méfier des modes et des fausses avant-gardes qui tentent de prendre des parts de marché sur un secteur porteur. Pour les charlatans qui prolifèrent aujourd'hui, les célébrités servent uniquement de produits d'appel pour le coaching de masse et le e-commerce de modules vidéo d'auto-coaching. Quant à l'inflation de la littérature et des documents filmés sur les « expériences de mort imminente » (*near death experiences*), n'en parlons même pas : ces dites expériences ne sont tout simplement pas possibles, car on ne peut pas à la fois **être mort et ne pas l'être**, ou l'être juste un peu pour pouvoir tranquillement observer son cadavre et en faire le récit, ou pire, apercevoir la lumière au bout d'un tunnel sans jamais mettre la main sur l'ampoule.

Croyez-moi : la Mort n'est pas une expérience mais une **rencontre**, et je vous dirai très vite comment je l'ai rencontrée, Elle, sur la terrasse de ma suite au sommet du nouveau Burj-al-Arab de Dubaï.

La psychanalyse a échoué. La psychanalyse, c'est être allongé sur une méridienne et raconter ses frustrations et son passé à une personne mutique heureuse de vous donner un rendez-vous hebdomadaire pendant quinze ans, **sans garantie de résultat**. Le dépassement de la psychanalyse par une vraie technique de développement personnel, c'est le mental coaching tel que je le pratique moi-même : la méthode MC. Finies les confessions honteuses à un inconnu sans références, finis les corps avachis à force de parler et de s'écouter souffrir... Qu'est-ce que les psychanalystes ont de concret à montrer en termes de succès ? Des dizaines de célébrités épanouies et le triomphe olympique, comme moi ? Bien sûr que non. Eux-mêmes sont perdus. À force de fouiller le passé, ils l'incarnent. Leur axe temporel est périmé. Dans notre société du projet, il faut envisager différemment les échéances et regarder ses objectifs en face. Seule importe votre projection personnelle sur ce que vous devez accomplir, pas le passé de votre énigme individuelle et l'histoire de votre souffrance. Croyez-moi, les projets ne se réalisent pas en ressassant ce qui n'a pas marché. Ils réussissent en potentialisant le mental, en misant sur la **bonté projective de l'inconscient**. Est-ce un hasard si je compte parmi mes coachés les plus éminents représentants de la psychanalyse mondiale qui peu à peu se convertissent à la méthode MC, parce qu'ils savent bien qu'on ne peut pas aller plus loin que moi en termes d'**énergification psychique** ?

Le mental coaching des célébrités ne se pratique plus uniquement en Californie. Depuis une dizaine d'années, je travaille partout dans le monde, notamment dans les pays émergents, comme l'Inde et la Chine, où réside plus de la moitié de ma clientèle, ainsi que dans le golfe Persique et aux Émirats arabes unis. Il est cependant faux de dire que je suis un mercenaire qui refuse désormais de coacher les personnalités françaises parce qu'elles seraient des célébrités de second rang, désargentées et peu « attractives ». Cette vision de mon activité n'a aucun sens, d'autant plus que je n'ai jamais demandé la nationalité états-unienne et n'ai rien à voir avec les expatriés qui vont monter des commerces de bouche en Californie pour faire fortune avec la marque France. Ma pratique du mental coaching va bien au-delà d'une vénalité sans frontières. Et si je suis devenu mental coach après ma carrière de sprinter, ma nationalité est et sera toujours française. Je ne cherche pas à cacher des origines honteuses. Quand on a représenté les couleurs de son pays aux Jeux olympiques, on ne fait pas marche arrière, jamais.

Une myriade de coachs aux spécialités distinctes pullulent aujourd'hui sur le marché américain, comme si le réservoir de demandes était intarissable après l'échec non seulement de la psychanalyse mais aussi de la philosophie, de la religion, des drogues, du travail, de la famille, du couple, de la sexualité, des enfants, de la politique, de l'économie, de l'art, du divertissement, du web, du sport, de la solitude et de la Nature elle-même à rendre les gens heureux. Les consommateurs américains sont ainsi habitués à se voir abreuver de propositions commerciales pour améliorer tous les aspects de leur vie privée et sociale. Ce phénomène arrive en Europe, comme toujours avec un temps de retard : déco-coach, vesti-coach, culi-coach, éco-coach, sexo-coach, édu-coach, coach de vie, coach de fin de vie, méfiez-vous du **néant coachal**. Le seul coaching véritable est celui du mental, et l'ultime mental coaching est le coaching MC, que j'ai appris d'Elle, et qu'ici je vous donne comme Elle me l'a donné à moi, nu et misérable, alors que la tempête se levait et menaçait les fondations du plus éblouissant palace du monde.

Ma méthode MC a pour horizon votre autonomie face aux projets que vous souhaitez développer, et donc ma disparition. Un bon coaching est un coaching qui permet de se passer de son coach. Aujourd'hui, vous êtes **dépendant** de moi. Demain, vous ne le serez plus. Pour reprendre le mot simple des sportifs quand on les interroge sur leur état de forme avant une compétition difficile, vous serez : **bien**.

Sur la partie est du Levant, les résidents permanents ou temporaires de la cité naturiste d'Héliopolis commençaient à affluer. À l'entrée de la plage des Sirènes, un grand panneau de bois en rappelait l'esprit :

> *Héliopolis doit être non pas une ville ou un village, non pas une agglomération de maisons ou de villas luxueuses avec ses garages, ses casinos, ses théâtres, ses usines, ses maisons de commerce, mais une simple cité rustique où les amateurs d'air et de soleil viendront dans le calme d'une nature splendide se reposer des fatigues de la civilisation artificielle des villes, en passant des vacances simples et saines, avec le seul luxe d'un idéal élevé et le seul souci d'une santé plus robuste. 1932.*

Julie ne regrettait pas sa destination. Les conditions étaient optimales pour profiter pleinement du soleil et de la lecture de soi en cet endroit merveilleux du globe.

Autour d'elle, au Sun Beach Club, les transats n'étaient encore occupés qu'au tiers, sur une centaine disponible.

Plus loin les vacanciers s'installaient, plantaient leur

parasol, s'enduisaient de crème et bien vite gagnaient la mer où ils entraient directement, comme à leur insu, avant de sortir et de sécher leur corps miroitant sur des serviettes vastes comme des draps.

Elle s'arrêta sur une page intitulée « L'escalier de la réussite », qui livrait les concepts clés du plan d'action pour devenir champion – ou championne – mental(e). Elle gravit les mots un par un, en prenant son temps, vérifiant qu'elle était en mesure d'en franchir chaque marche conceptuelle, comme un moment de vérité spécifique. Les plus rudes escaliers qu'elle ait eu à monter de sa vie étaient ceux de Notre-Dame de Paris, jusqu'aux cloches, et surtout les onze mille six cent soixante-quatorze marches conduisant au sommet du Niesen, en Suisse – « le plus grand escalier du monde ». Mais si elle y réfléchissait bien, l'escalier de la réussite était plus redoutable encore.

OBJECTIF

RECADRAGE

HUMILITÉ

SUCCÈS

ÉMOTION

CONFIANCE

Elle s'arrêta sur chaque mot, en valida la pertinence pour elle-même, à partir de ce qu'elle savait d'elle-même. Puis elle répéta chaque vocable, savourant ses échos intimes, ses suggestions narcissiques, légitimes, estivales, insulaires. Elle était humble – amies, amants, époux, professeurs et chefs de service le lui avaient toujours dit –, acceptait facilement le recadrage – les impératifs du monde de l'entreprise étaient passés par là –, savait ce qu'elle voulait, plus ou moins. Elle manquait peut-être encore un peu de confiance en elle mais cela viendrait, et puis le doute aussi avait ses vertus, en tout cas offrait la possibilité d'une remise en cause de soi souvent salutaire. Le mot « émotion » lui-même l'émut : être emplie d'émotion par quelque chose ou quelqu'un, quelque part. Mais il fallait se méfier : l'émotion pouvait tout aussi bien paralyser l'action, avait-elle lu un jour dans *Devenir une autre, rester soi*, de Françoise Altmeyer. Quant au succès, tout au long de sa vie professionnelle et sentimentale, qu'avait-elle cherché d'autre ?

Elle décida de passer aux marches suivantes :

COMPÉTITION

DÉTERMINATION

JOIE

VICTOIRE

SÉDUCTION

CORPS

Elle continua l'examen méthodique des concepts clés de la méthode MC, accorda un certain crédit à « détermination » et à « victoire ». La détermination était la clé de la victoire, assurément, c'était une loi universelle que démontraient chaque jour les plus grands champions sportifs, dont Paul Béranger.

Puis elle susurra le mot « séduction ». Ses jambes se mirent à remuer, dégourdies par un afflux de sensualité.

« Séduction »… Ce mot était gorgé de plaisir, comme un fruit existentiel à portée de main dans un jardin merveilleux.

« Séduction »… et surtout : « corps ».

Elle se tourna vers la mer, chercha sa fille, aperçut une tête à demi immergée. De l'eau sortait de sa bouche, en geyser.

Julie ne regrettait pas l'achat de son livre. Le déclic avait eu lieu cinq jours plus tôt, à dix mille deux cents pieds d'altitude, au-dessus de l'Afrique occidentale, dans la classe affaires d'un Airbus A350 à destination de Johannesburg, alors qu'elle consultait dans *Air France Magazine* un dossier comparatif des nouvelles techniques de développement personnel – *self-help* chez les Anglo-Saxons :

« Mental Coaching, ma méthode, mes succès *s'affirme comme la nouvelle bible du psycho-training, où le plus grand champion de l'histoire du sprint nous donne de nouveau le meilleur de lui-même, non plus sur piste, mais sur texte. Notre coup de cœur de l'été* », jugeait la chroniqueuse, Ludivine Champaigne.

Le soir, seule face à un Perrier-tranche au bar de l'Holiday Inn, Julie avait allumé son iPhone et visité my-libraire-is-not-dead.com, un groupement de libraires indépendants lancés dans la rude aventure du commerce en ligne. Son index avait effleuré l'écran jusqu'à la rubrique « Développement personnel ». Julie avait consulté la fiche article du livre de DP auréolé de cent douze avis internautes et noté quatre étoiles sur cinq.

« *Grâce à cette méthode, j'ai remporté mes trois derniers tournois de tennis. Je canalise mieux mes émotions pour aller au bout de mes objectifs* », estimait Rodolphe Cossa (note : cinq étoiles).

« *Rien de mieux que l'expérience d'un champion pour retrouver un mental d'enfer. J'en avais bien besoin après plusieurs drames familiaux qui ont lourdement affecté mon présent* », confiait Jeanne Massy (note : cinq étoiles).

Les yeux de Julie avaient brillé. Elle avait lu à la suite le mot de l'éditeur, qui était une éditrice : « *La publication du livre de notre Paul à tous, en français pour sa première édition planétaire, est un événement auquel beaucoup ne croyaient plus. J'ai moi-même reçu le coaching de Paul. Je ne suis plus la même aujourd'hui. Je suis : moi, enfin. Déborah.* »

Julie avait subitement appuyé sur la touche Commande rapide, celle réservée aux clients déjà enregistrés. Le livre serait chez elle, à Rueil-Malmaison, dans la proche banlieue ouest de Paris, dans deux jours maximum, grâce à la garantie « livré à l'heure ». Elle le trouverait dans sa boîte aux lettres en fin de semaine, à son retour du septième colloque mondial sur les énergies renouvelables, où elle intervenait en qualité d'ingénieure en énergie éolienne sur la question de « l'avenir industriel du vent ».

C'était cool. *Mental Coaching, ma méthode, mes succès* dans la boîte aux lettres juste avant le départ en vacances… Juste avant le bateau pour l'île du Levant et le village d'Héliopolis… Avant le soleil.

Oui, c'était cool : le livre de l'été ceint d'un bandeau rouge où l'auteur en photo dévisage sa lectrice sur fond de nuit stellaire. Et à présent, elle était là, heureuse, lisante, seule, pleine d'espoir et de stimulations psychiques sur l'île qui s'éveillait doucement.

À une vingtaine de mètres Neko faisait la planche. De la surface étale de l'eau émergeaient les cils de ses yeux, le bout de son nez, les tétons de sa poitrine plate, et les ongles mandarine de ses doigts de pied.

Je n'ai pas tué le petit Joe. C'était un accident. Lorsqu'il a surgi à vélo sous les pneus de mon Hummer devant sa villa de Beverly Hills, je ne pouvais l'éviter. L'enquête de police n'a pas dit autre chose. Ses parents n'ont pas porté plainte et j'entretiens aujourd'hui de très bonnes relations avec eux – j'ai même offert une semaine de mental coaching gratuit à la maman du petit garçon, une sociologue réputée, un an après son décès. Si l'on m'en a tant voulu, c'est parce que des coachs concurrents, ulcérés par mon succès, ont volontairement alimenté la rumeur sur les réseaux sociaux : je roulais soi-disant avec un bandeau noir sur les yeux pour tester mes capacités de perception extrasensorielle, et j'aurais bien sûr acheté le silence des parents... J'ai très mal vécu cette campagne calomnieuse qui a nui à ma e-réputation.

Après, tout s'est enclenché très vite : on m'a accusé de « pédophilie star » avec les enfants de mes coachés les plus célèbres, on a suggéré que mes médailles olympiques étaient fausses, que je n'étais qu'un sale petit Français qui avait gagné ses courses grâce à un micromoteur installé sous ses chaussures, on a dit que mes coachings les plus époustouflants avaient pour unique raison l'administration, à l'insu de mes coachés, de produits dopants d'avant-garde ; on a même dit que je n'étais pas de nature humaine et conspirais contre l'intégrité de l'espèce au profit d'extraterrestres simulant notre apparence (et donc que mon père lui-même était un faux scientifique, l'agent de forces inhumaines). Ce torrent de haine m'a beaucoup affecté. J'ai pris du recul, décidé de coacher davantage en Asie et en Orient, où les stars et les personnalités ont moins de préjugés qu'en Amérique. Mais ma plus grande souffrance médiatique a concerné Serge. Je peux le confier aujourd'hui, j'ai frôlé la maison de repos lorsque j'ai lu, sous la plume d'un biographe non autorisé et vraisemblablement fou, que mes parents m'avaient offert un lévrier greyhound nommé Jacky en récompense de mon BEPC obtenu à l'âge de vingt-deux ans, que j'aurais entretenu avec ce chien une relation sadique m'ayant valu une plainte des voisins pour « maltraitance et torture sur animal » et, pour couronner le tout, que ce lévrier martyr aurait été placé d'urgence sur décision de justice dans une SPA de banlieue… Quelle honte ! Nul ne peut comprendre l'amour que j'ai pu porter et porterai toujours à Serge, le fier lévrier galgo de ma tante. Nul ne peut savoir ce que je lui dois, à lui qui m'a montré la voie de la vitesse et m'a ouvert le chemin de la victoire. Je sais que Serge est heureux là où il se trouve à présent, la Mort me l'a dit.

Rayon calomnie, je tiens également à préciser qu'il n'y a jamais eu la moindre ambiguïté sexuelle entre moi et mes clients, quoi qu'aient pu en dire mes détracteurs les plus malfaisants. Ni avec les hommes – je ne suis pas gay, même si je coache parfois à Sitges ou Mykonos –, ni avec les femmes – mes clientes sont en majeure partie mariées –, ni avec la Mort Elle-même offerte à moi sur la terrasse du Burj-al-Arab II – c'est Elle qui m'attendait. S'il m'arrive de partager une conception sexuelle de l'amitié avec certaines clientes, c'est qu'il n'y a précisément plus d'ambiguïté. Mais en règle générale, je m'abstiens. La relation sensuelle ne doit pas entraîner de révision matérielle des termes d'un contrat, pas plus qu'un assouplissement de la discipline mentale exigée. Question de confiance et de climat de travail. Je trouve en même temps qu'il est moralement douteux de profiter de son ascendant psychologique sur une coachée pour tirer profit de ses charmes. Je ne cède que lorsqu'une femme fait le premier pas, après une longue discussion avec elle sur les répercussions d'un tel commerce sur sa vie future. La presse people spécule régulièrement sur mes amours mais aucun paparazzi ne m'a jamais pris en flagrant délit de flirt. Les seules photos litigieuses avec mes coachées le sont dans les arbres, lors de parcours accrobranche calqués sur les entraînements de la légion étrangère afin de combattre le vertige. Quelle plus grande preuve de ma déontologie ?

Dernier mensonge que j'aimerais dissiper, mes tarifs soi-disant élevés. Je n'aime pas qu'on mélange tout. Quand je travaille avec des gens **hors du commun**, dont la richesse est elle-même hors du commun, pourquoi voulez-vous que je pratique le prix d'un banal coaching de club de remise en forme ? Soyons sérieux, je travaille avec des coachés qui ont les moyens de leurs ambitions. À l'inverse, cela ne veut pas dire que je sois incapable de temps à autre d'adapter mes tarifs aux capacités financières des gens ordinaires, **comme vous**. Tout le monde a droit au bien-être. Il est tellement injuste de dire que je n'ai pas de vision démocratique du rééquilibrage psychophysique de la société... Chacun d'entre vous, je dis bien chacun d'entre vous, peut entrer en contact avec moi au moins une fois dans sa vie. Je reçois par exemple de plus en plus de demandes de coaching individuel pour des cadeaux d'anniversaire ou de mariage financés sur Kisskissbankbank. J'en accepte de temps en temps et me rends sans difficulté en mission pour quelques heures chez des inconnus à Lens ou Bratislava. Je sais également que la mise en ligne de mes vidéoconférences a été un grand succès. Elles totalisent à ce jour plus de cent vingt millions de visites. E-learning, démocratie participative et mental coaching peuvent ainsi faire bon ménage si l'on respecte bien les process de travail que je préconise. Cependant, soyons franc, l'auto-coaching vidéo ne remplacera jamais ma **présence réelle** aux côtés du coaché.

Mon école de mental coaching a ouvert l'an passé son antenne européenne au sein de l'abbaye de Fontenoy, dans le canton de Vaud, en Suisse. Ce cadre de travail idyllique offre une tranquillité absolue, afin que les **coachants** s'initient idéalement à ma méthode MC aux côtés de coachs agréés que j'ai moi-même coachés. Vous trouverez sur mon site Internet MC-experience.com les détails pratiques concernant les formations et séminaires auxquels vous pouvez participer tout au long de l'année sur les différents thèmes clés de ma pratique, comme le **moi de cristal** ou l'**hypnose orbitale.** Nos formations sont diplômantes et respectent le principe de l'immersion active. Sur une période de quatre mois minimum, vous cesserez de communiquer avec le monde extérieur pour vous concentrer sur l'essentiel : vous et vos projets. Parce que le mental coaching tel que je le conçois résulte du choix d'une révolution personnelle, il vous faudra faire le premier pas vers votre nouvelle vie, positive et sans parasitage socio-familial. **En êtes-vous capable ?**

Il y avait davantage d'estivants, davantage de soleil aussi, de sorte que le sable entre la mer et Julie semblait avoir blanchi, et la Méditerranée, par contraste, bleui. Allongée sous l'ardent soleil, elle se sentait protégée. En vacances et déjà secrètement au travail de soi-même, sans que nul à proximité ne pût le savoir. Profonde à la surface du monde. Comme si sa présence balnéaire se voyait jouissivement augmentée d'une autre réalité, intime et dévorante. Était-ce cela le retour à Soi ? Ce festin d'attentions et de soins, ce baume sur les plaies invisibles du bilan personnel ? Julie avait l'air absente ou plutôt disparue, le visage et le corps divisés en une zone ensoleillée et une zone d'ombre sous le parasol pistache à franges vanille qui la couvrait à moitié, comme un cône de chair. Autour d'elle, les vacanciers semblaient frivoles, infantiles. Sans enjeu. Mais elle, Julie, avait d'autres ambitions. Elle aspirait à quelque chose de plus haut. De plus grand. Elle entama un test à valeur d'auto-bilan : le « MC test à la puissance P ». Paul Béranger demandait à ses lecteurs et lectrices de répondre avec le plus d'honnêteté possible, le résultat de la préparation mentale en dépendait.

Elle se concentra, accepta de jouer le jeu, répondit en silence aux questions posées, à elle seule, pour elle seule.

Quel est votre **projet** ?
Rencontrer quelqu'un.

Quel est votre **plan** ?
Coaching gagnant.

Quel est votre **pari** ?
Ne plus me faire avoir.

Ses traits se tendirent. Une goutte de sueur perla le long de son nez, tomba sur le mot « gagnant », bava. Elle en atténua la trace, respira fort, continua le test.

Quelle est votre **passion** ?
Les énergies renouvelables.

Quelle est votre **politique** ?
Croire en moi.

Quel est votre **parti** ?
Le parti du cœur.

Quelles sont vos **propositions** ?
J'attends qu'on m'en fasse.

Elle eut soudain l'air conquérante, malicieuse. La pointe rose de sa langue apparut. Son cou se redressa. Elle regarda alentour, submergée par le scintillement du rivage. Des hommes, des femmes, des enfants. Des couples. Quelques hommes seuls. Des propositions… *J'attends qu'on m'en fasse.* Elle sourit, revint à son test.

Quelle est votre **patience** ?
Elle a ses limites.

Quel est votre **pouvoir** ?
Mon pouvoir d'achat.

Qui sont vos **parents** ?
Sylvie et Joseph Beaupieds.

Appelleriez-vous la **police** ?

Elle fut surprise par la question, réfléchit quelques instants. Quelles circonstances de la vie pourraient bien la pousser à appeler la police ? Un braquage dans un magasin de vêtements ? Un viol dans le RER ? La profération publique d'injures racistes ? Elle fronça les sourcils, relut la question, susurra : *En cas de violences conjugales, oui.* Puis elle passa au problème existentiel suivant.

Quelle serait votre **punition** ?
Être crucifiée à une éolienne.

Qui **piaille** en vous ?
La quarantaine.

Quelle **promesse** êtes-vous ?
Je ne promets plus rien.

Quelle **poubelle** êtes-vous ?

Elle pouffa. Imagina des conteneurs spécifiques pour les mecs en papier, en plastique ou en verre. Elle fournit une réponse : *Le tri sélectif des hommes.*

Qu'est-ce que vous **payez** ?
Mon ambition.

Qui se cache dans votre **personne** ?

Hmmm, hmmm… Elle ne voulait plus se cacher mais désormais s'afficher, se montrer à elle-même telle qu'elle était au fond d'elle-même, dans l'éclat pur de sa vérité personnelle. Elle s'avoua : *Une leader, une sentimentale.* Hocha la tête. Puis prit sa bouteille d'eau et se désaltéra.

Quel est votre **problème** ?
J'aimerais bien le savoir !

Que **puis-je** pour vous ?
Affermir mon mental.

Parfois, j'incitais ma mère, excellente cuisinière et membre du Cuisine Club de France, à inviter ma tante Geneviève à déjeuner le dimanche. Maman, qui adorait sa sœur de vingt ans son aînée, acceptait volontiers. Mais elle n'était pas dupe. Elle savait bien que mon plan secret était de courir dehors avec le deuxième invité, Serge, le lévrier galgo. Ma tante résidait non loin, avenue Kléber, près du Trocadéro, et venait généralement sur le coup de 11 heures. Comme nous déjeunions bien souvent à 13 heures passées, j'avais le temps de jouer dans la rue avec Serge que, comme son défunt époux et ses enfants, elle vouvoyait.

« Serge, promenez-vous bien et n'oubliez pas de rentrer à l'heure. »

Il lui arrivait souvent, par gratitude, de me donner un billet de cinq cents francs pour me récompenser de mon labeur. Je n'osais les refuser et promettais de les utiliser à bon escient, ce qui rassurait son tempérament de catholique pratiquante (elle n'avait pas besoin d'aller à la messe de 11 heures car elle s'était déjà rendue à celle de 9). Un jour, devant mes parents navrés, je lui avais fait de la peine en déclarant que je venais de refuser de m'inscrire aux scouts d'Europe, prétextant qu'ils ne couraient pas assez vite et que je ne pouvais donc, au regard de ma passion pour le sprint, me permettre de faire des camps en forêt sous peine de **régression motrice**.

Ma tante Geneviève était l'héritière de trois fabriques de porcelaine de Limoges et la veuve d'un notaire dont mes parents disaient à demi-voix qu'il était franc-maçon. Je crois qu'elle comprenait mon tempérament sportif et même l'appréciait. Je pense surtout qu'elle me prenait pour l'original de la famille, pour un être en formation qui préférait le mouvement à l'ordre. Quand nous rentrions de nos escapades, Serge et moi, je la revois nous sourire depuis le fauteuil crapaud du salon. L'hiver, près du feu dans la cheminée de marbre, un porto à la main ; l'été, près de la porte-fenêtre ouverte, une Suze posée sur le guéridon, un petit duvet de vieillesse au-dessus des lèvres. Elle buvait un peu, ce n'est pas lui faire injure que de le dire aujourd'hui. C'était son seul défaut, tant sa tendresse était grande envers les enfants et les animaux, également envers les femmes victimes de violences conjugales, qu'elle aidait en bénévole dans une association d'aide aux femmes battues d'Auteuil.

Chère tante Geneviève, où es-tu assise aujourd'hui ? Serais-tu fière de mes exploits olympiques si tu savais que tout a commencé en compagnie de Serge le miraculé, si tu savais que le soir, au coucher, au lieu de réviser mes déclinaisons latines, je rêvais d'être un lévrier en blouson de cuir blanc ?

Mon père, lui, ne rêvait pas de lévrier mais de vie sur des planètes inconnues et de matière noire, « la semence de l'Univers », aimait-il à dire, songeur. Il n'était guère sportif et cela me le rendait parfois étrange. Je le trouvais vieux alors qu'il n'avait que cinquante-neuf ans quand moi-même j'en avais treize. Le week-end, il lui arrivait de s'enfermer dans son bureau et de n'en sortir que le soir pour faire ce qu'il appelait une pause et observer le ciel avec un énorme télescope dans un observatoire semi-professionnel installé dans les combles, au-dessus de l'appartement familial. Il insistait souvent pour que ses enfants l'assistent et affirmait que même si son appareil était « modeste », il permettait de parfaitement réviser son alphabet stellaire, c'est-à-dire de connaître les principales planètes et constellations. Un soir clair d'été où était annoncée une pluie d'étoiles, j'ai compris que mon père m'aimait lorsqu'il me prédit qu'un jour je sprinterais sur Mars.

Si mon père était flatté par les bulletins irréprochables de mes frères et sœurs, il était soucieux de mon avenir quand je rentrais avec des notes lamentables, notamment en sciences et en langues. Il s'énervait rarement mais quand cela avait le malheur de se produire, les murs tremblaient comme à l'approche d'un trou noir. Heureusement que la taille de notre appartement m'offrait l'occasion de le semer sans peine. Ce n'était pas un méchant homme, c'était un savant. Il avait les pieds sur terre et la tête dans les étoiles. Je le ramenais sur le sol ferme à chaque trimestre, avec des appréciations insupportables pour un exobiologiste de sa renommée. Il a beaucoup souffert lorsqu'on m'a conseillé une réorientation scolaire et donc l'abandon d'une filière classique à Janson-de-Sailly, où excellaient ses autres enfants. Je peux l'avouer à présent que je suis célèbre, il est resté couché deux jours lorsqu'il a su que ma mère projetait de m'inscrire au Lycée sportif de Saint-Denis. Puis il a pris sur lui, a cessé de scruter le ciel pour regarder son fils en face et l'accepter tel qu'il était, avec ses défauts mais aussi ses qualités : faible intellectuellement et véloce mécaniquement. Au fond, il voulait mon bonheur. Un jour, à table, devant toute la famille, comme s'il faisait son mea culpa, il m'a souhaité de courir à la **vitesse de la lumière**.

Quelques mois après mon intégration au Lycée sportif, il a senti que je m'épanouissais et s'est détendu. Il m'appelait le Dionysien, du nom des habitants de Saint-Denis, et me demandait régulièrement l'évolution de mes chronos. Il me regardait comme on regarde la télé, comme un divertissement. Un week-end, j'ai eu le droit de faire dormir un camarade sprinter à la maison. C'était un Dionysien de naissance qui s'appelait Boubakar et qui, frappé d'une puberté précoce, mesurait à quatorze ans 1,97 mètre pour soixante-deux kilos. Il était à l'époque le meilleur élément du Lycée sportif, l'espoir du sprint en Île-de-France. Mon père a accepté, suivant l'avis de ma mère. Nous étions samedi, il pleuvait. Papa, stupéfait, me regardait faire des courses avec Boubakar à travers les pièces en enfilade. Ses accélérations étaient supérieures aux miennes, sa vitesse de pointe aussi. Alors je perdais, sous l'œil déçu du maître des lieux, pour qui j'étais vaincu à domicile par un enfant de banlieue.

Le soir, à table, Boubakar a demandé à mon père quel était son métier. Celui-ci lui a expliqué qu'il recherchait d'autres vies que la nôtre dans l'Univers, qu'il était convaincu que l'humanité rencontrerait très bientôt des extraterrestres et que son égocentrisme en prendrait un sacré coup, ce n'était qu'une question de temps. Boubakar lui a répondu en riant, la bouche pleine de pommes dauphine, que l'extraterrestre, c'était lui. Mon père ne l'a pas très bien pris. Et puis tout s'est envenimé le dimanche matin lorsqu'il a retrouvé Boubakar dans le lit de ma sœur Thérèse, un plateau de petit-déjeuner sur les genoux. À partir de ce jour, je n'ai plus eu le droit d'inviter de camarades de classe à courir à la maison, de sorte qu'aucun de mes condisciples n'a jamais découvert le moteur de ma réussite : Serge. Rétrospectivement, je pense que ce fut une chance. Quant à Boubakar, qui était un athlète polyvalent, il a arrêté le sprint à seize ans pour se lancer dans le basket-ball, plus lucratif, et a connu une carrière éphémère dans le championnat croate. Il a repris contact avec moi il y a deux ans, après avoir longtemps hésité, intimidé par ma réussite et mon abnégation – adolescent, il était bien plus doué que moi. Il est aujourd'hui gérant du Décathlon de Stains.

Le quartier de ma jeunesse n'a pas beaucoup changé, j'ai pu m'en apercevoir l'an passé, à l'occasion de l'inauguration de ma statue en sprinter dans le square Lamartine, une œuvre de l'artiste Bruno Dante érigée face au bronze du poète romantique. Une telle proximité m'a gêné – que suis-je ici-bas, pauvre sportif, pour me retrouver dans le voisinage éternel d'un grand homme ? Ce fut là en tout cas une belle surprise que m'avait réservée mon ami le maire, dans le quartier de mon enfance, près de la gare RER Henri-Martin d'où je partais dans le petit matin froid pour le Lycée sportif de Saint-Denis, à quelques minutes à pied du lycée Janson-de-Sailly qui n'avait pas voulu de moi et m'avait transféré lors du mercato scolaire vers une école lointaine supposée plus adaptée à mes spécificités.

À la fin de la cérémonie, je me suis accordé un moment de tranquillité. J'ai descendu seul l'avenue Henri-Martin vers la porte de la Muette, suis passé devant l'appartement de mon enfance, aujourd'hui occupé par mon frère Philippe. L'émotion m'a envahi lorsque j'ai revu des lieux oubliés. Je n'ai ainsi pu m'empêcher de m'arrêter, le cœur serré, devant l'ambassade du Bangladesh. C'est en effet de là que je testais mes accélérations contre Serge. Nous partions comme des boulets de canon depuis l'ambassade jusque chez moi, un peu plus haut, au numéro 105 bis – l'immeuble classé avec l'extraordinaire marquise Art déco au-dessus de l'immense porte cochère. Serge gagnait toujours.

En face, au milieu de l'avenue, il y avait une contre-allée semi-piétonne avec une barrière automatique pour filtrer les voitures. Si j'étais bon sprinter, j'étais mauvais hurdler, piètre sauteur de haies. Un dimanche, Serge avait sauté la barrière avec une aisance telle que j'avais voulu l'imiter… Je suis rentré un genou en sang au côté de mon beau lévrier, les oreilles baissées et le regard triste.

Aujourd'hui, vous n'utilisez en moyenne que **10 % de votre mental**. C'est peu. Imaginez ce que vous pourriez faire si vous en utilisiez seulement le double... La méthode MC a pour ambition de vous permettre d'atteindre cet objectif minimum, et davantage si possible. À 20 %, vous seriez déjà du côté de la **Puissance**. Vous commenceriez à vous ouvrir à votre pleine humanité. À vous-même. Aux autres. Vous vous distingueriez de ces pervers narcissiques qui sont comme des insectes se sustentant de leurs propres sécrétions, de tous ces penseurs stériles en prison au fond de leur liberté. Ne serait-ce qu'en doublant votre **Niveau d'Exploitation Mentale** (NEM), vous seriez deux fois meilleur pour vous et pour les hommes. 10, 20, 30, 40, 50 % de cerveau utilisés... À ce pourcentage de **Capacité Mentale Effective** (CME), vous atteindriez votre moi de cristal, que j'ai atteint cette nuit-là sur la terrasse de ma suite au côté de la Mort, lubrique et innocente comme la mer qui hurlait en contrebas. Vous seriez un demi-dieu, un dieu à 50 %. Vous ne devriez rien à personne, sinon à votre propre volonté d'autodétermination psychique. Moi-même, lorsque j'ai gagné mes trois finales olympiques, j'étais à environ 40 % de mon potentiel. Mais aujourd'hui, vous qui n'êtes encore qu'à 10 % de vous-même, vous devez vous exercer. Pratiquer votre mental comme si vous faisiez des gammes sur un piano. Alors et seulement alors vous augmenterez significativement votre talent. Jusqu'où ? Les plus beaux espoirs sont permis.

Méfiez-vous cependant des organismes qui proposent des **bilans de compétence mentale** et qui confondent développement personnel et monde du travail. Ce type de bilan, même effectué dans des centres agréés, est difficile à réaliser avec précision. Il est en outre souvent proposé par des personnes qui connaissent de sérieux problèmes psychologiques après une longue période d'inactivité professionnelle. Voudriez-vous qu'un chômeur dépressif devenu évaluateur mental après une formation de six mois procède à votre propre expertise ? Le bilan de compétence mentale est un exercice qui ne doit en rien se confondre avec le mental coaching, dont la vocation n'est pas de vous préparer à un retour sur le marché du travail mais à la **réussite de votre vie**.

Préalablement, vous avez besoin d'une bonne détox psychique. Celle-ci implique l'élimination de vos résistances au succès. Quand vous serez redevenu autonome, maître de vous-même et de vos projets, vous trouverez les ressources pour rendre de nouveau vos actions efficaces et recevoir l'admiration que vous méritez.

Je vous aiderai.

Comme la Mort m'a aidé moi, parce que je le voulais vraiment.

Je vous aiderai comme j'aide les personnalités, pour qui je suis un **facilitateur de vie** : s'aimer, réussir, accomplir ses rêves les plus insensés, repousser ses limites. Je vous aiderai comme j'aide les célébrités en me faisant l'huissier de leur apparence et de leur conscience.

AVANT
La personnalité est sans tonus et sans beauté, vaguement déchue. Elle exsude des énergies néfastes, comme un pot d'échappement dans une maternité. Elle est un fardeau pour elle et pour les autres, pour l'existence même. Elle n'attire pas la chance. Son chiffre préféré, sans qu'elle le sache, est le zéro. Malgré sa notoriété, elle rate tous ses projets. Elle me sollicite.

APRÈS
La personnalité resplendit et admire le chemin parcouru. Elle a réveillé les forces qui sommeillaient en elle. Elle a repris le contrôle de son corps et de ses actions, domine enfin son destin. Sa silhouette a fondu, son esprit s'est affûté. Elle ressemble à un djihadiste qui aimerait la vie. Ses projets se démultiplient. Elle me remercie.

Cette personnalité, **c'est déjà vous.**

Neko revint du bain, se sécha.

Sa mère lui demanda si l'eau était bonne.

Sa fille répondit que oui et que vraiment, le fort de Brégançon où séjournait la présidente et son acteur était juste en face de l'île. Il était ouvert au public à l'occasion de la journée du Patrimoine, elle l'avait entendu dire sur la vedette hier, et c'était vrai, elle avait vérifié sur le web, elles pourraient peut-être y aller.

« Pas quand la présidente est là, répondit Julie, ce n'est pas ouvert au public quand la présidente est là, pour des raisons de sécurité. »

Neko s'allongea sur son transat et entama la lecture de *Bad Love Hackers* tome 2, près de sa mère dont le corps avait bougé comme l'aiguille d'une montre et qui lisait accoudée sur la tranche, le dos au soleil, ignorante du genre yaoi qu'affectionnait sa fille – cette variété de manga écrit et dessiné par des femmes, pour des femmes, et qui raconte des histoires d'amour entre jeunes hommes dans des mondes sans jeunes femmes.

La série, en cinq tomes, avait pour toile de fond le

lancement informatique d'un virus destiné à modifier le contenu des messages électroniques afin de brouiller les sentiments amoureux entre épistoliers et d'accomplir le retour de l'être aimé et perdu. Manjiro, hacker maléfique, avait conçu le virus pour cibler Kinji, son ancien petit ami, qui l'avait quitté pour Tomoaki, un hacker au service du contre-espionnage japonais qui avait lui-même formé Manjiro… Mais aujourd'hui, le virus avait dépassé la simple ambition vengeresse de son concepteur et causait des ravages un peu partout dans le monde, avec une multiplication des cas d'esclavages passionnels masculins et une régression des échanges amoureux à l'échelle planétaire (à ce rythme, l'amour n'existera plus sur la Terre, pensait Neko, lucide). Pour un yaoi aussi audacieux, l'intrigue était simple.

Et à présent Neko se trouvait face à Kinji pleine page recroquevillé et ligoté sur un futon, dans une pièce blanche. Manjiro lui tendait ses lèvres en lui rappelant leur bonheur passé, en l'assurant surtout de l'inconstance amoureuse de Tomoaki, qui séduisait une à une toutes les nouvelles recrues du contre-espionnage japonais.

« Salaud », murmura l'adolescente, écœurée par les mensonges et la perfidie de Manjiro, même si elle le trouvait terriblement beau, avec ses yeux de fantôme et ses doigts pervers.

Une larme coula des yeux de Kinji.

Neko serra les mâchoires.

Le soleil continuait de monter et de se dilater au-dessus de la plage, au-dessus du Sun Beach Club, au-dessus des deux lectrices.

La jeune fille passa sur la page de gauche, dans le respect du sens de lecture nippon, euphorisant comme une conduite inversée à Tokyo un soir d'ivresse.

La mère, immobile, avait entièrement disparu dans son livre de développement personnel.

Mon mental coaching le plus extraordinaire a été sans nul doute celui de la princesse Kate d'Angleterre. À l'époque où on a fait appel à mes services, les paparazzis coursaient Son Altesse partout dans Londres. La princesse était déprimée par le harcèlement médiatique dont elle faisait l'objet. Je devais lui redonner un mental de diamant mais son moral était de plomb... J'ai alors eu l'idée de coacher la princesse dans la plus formidable salle d'entraînement qui soit : la salle des joyaux de la tour de Londres, une forteresse imprenable à laquelle nul ne peut avoir accès en mode privé, même le plus riche des milliardaires. Le tapis roulant réservé aux touristes pour contempler les couronnes des différents rois et reines de l'histoire d'Angleterre nous a servi de piste d'entraînement. Il suffisait d'en doubler la vitesse, sous les mille et un reflets des rubis et des diamants, des sceptres et des couronnes des générations royales. Ce fut là l'un des grands moments de ma carrière de coach mental : me trouver face à cette jeune femme appelée à régner pour longtemps et lui dispenser les conseils utiles à l'entretien de sa beauté tandis que nous courions dans un environnement de prestige, face auquel l'idée même de luxe n'est rien. Je tiens d'ailleurs à saluer les qualités physiques exceptionnelles de Son Altesse, qui a été au-delà du programme que nous nous étions fixé, sans jamais rechigner à l'effort, alors que j'exigeais beaucoup d'elle. Lors de ces entraînements, comme à chacun de mes coachings d'ailleurs, j'ai beaucoup pensé à Serge, à la vitesse altière du lévrier galgo dont les flancs avaient été lacérés par son maître, à la cruauté des hommes en général alors que la vie eût pu être douce et bonne pour nous tous comme elle l'était en ces instants pour moi et la princesse.

Quand nous quittions les lieux, une fois refermée derrière nous par des hommes cagoulés la porte blindée qui protégeait les joyaux, nous nous retrouvions dans la cour où nous ne manquions pas de donner du pain aux corbeaux. Moments précieux, souvent silencieux, que je n'oublierai jamais. La princesse d'Angleterre est aujourd'hui une amie, une vraie, que je peux appeler sur son portable au milieu de la nuit si nécessaire.

Le mental coaching le plus compromettant que j'aie réalisé a été celui d'un leader syndical albanais du secteur de l'acier soupçonné de fraude électorale et de détournement de fonds. Il était menacé de mort par la mafia et devait se justifier publiquement, à la télévision nationale albanaise, des résultats calamiteux de son deuxième mandat. J'avais été mis en relation avec lui depuis Paris par Mario, champion du monde des cocktails en exercice au Bristol qui, un matin, alors que je prenais une soupe de fruits au bar du palace, m'avait demandé un autographe et discrètement sollicité pour un cousin, « en danger de mort au pays ». J'apprécie Mario et ses élixirs, j'aime les défis. Celui-ci me plaisait. Je n'avais rien à gagner et tout à perdre.

Je vérifie la nature des informations par l'intermédiaire de mon avocat. Un avion pour Tirana, et voilà que je me retrouve face à Jin Kadaraï, sexagénaire roublard que je pense d'emblée coupable.

Objectif : retourner la situation en sa faveur à la télé. Rémunération : rien en cas d'échec, un terrain sur la mer Adriatique en cas de succès, ainsi que son amitié éternelle et celle de la classe ouvrière albanaise. J'observe mon client tout en essayant de traduire la traductrice, une jolie blonde avec des racines noires qui elle aussi me demande un autographe et la possibilité de coacher sa sœur en plein divorce avec un homme dangereux dans la banlieue de Tirana... Je lui explique que je ne suis pas un cœur à prendre mais un coach mental international, et pendant ce temps je suis obligé de me faire à l'idée que c'est un boulet qui va passer à la télé et peut-être nuire à ma réputation. Soudain, j'ai un flash : je viens de trouver mon **coaching concept**, qui reposera davantage sur la forme que sur le fond.

Le grand soir arrive sur Albania 1. La journaliste vedette commence par dresser un bilan accablant de l'action de Jin Kadaraï. Mon client encaisse, je l'ai bien briefé. Il n'aura qu'une phrase à dire mais il lui faudra de l'aplomb mental pour la dire de la manière la plus convaincante qui soit. Et soudain Jin se lance, alors que l'Albanie attend sa mort en direct : « Est-ce que vous croyez que si j'avais trafiqué les élections et détourné l'argent du peuple je ne me serais pas fait refaire les dents ? » Puis il éclate en sanglots et ouvre sa bouche sur une denture délabrée.

Silence total sur le plateau.

Succès total.

Aujourd'hui, mon coaché a été reconduit pour son troisième mandat à la tête de la Fédération nationale des Travailleurs albanais de l'Acier et a donné, à ma demande, le terrain sur l'Adriatique qu'il m'avait promis au service social du syndicat afin d'en faire un lieu de vacances pour les enfants des adhérents encartés.

J'ai longtemps hérité de cas supposés irrécupérables, notamment parmi les stars de cinéma, mais dans la perspective d'une renaissance individuelle, personne n'est irrécupérable, même à Hollywood. On m'a ainsi souvent appelé en catastrophe pour remettre en condition mentale des actrices en surpoids (Tracy Perrington, 2014), alcooliques et/ou droguées (Jenny Davidenkov, 2015), ainsi que des starlettes trop fêtardes qui ne parvenaient plus à conjuguer vice et parcours professionnel (Francesca Simoncini, 2014), vice et maternité (Linda Clift, 2013), et que bien sûr traquaient des hordes de paparazzis prêts à les démolir dans la presse à scandale.

Le premier message que je leur adressais était affiché dans chaque pièce de leur domicile et pouvait apparaître sans prévenir sur leur messagerie privée, comme une piqûre de rappel: «YOU ARE DIRTY, *tu es répugnante*». Pour être franc, c'étaient là mes débuts dans le mental coaching, j'ai depuis assoupli mes techniques de programmation neuro-linguistique. Mais quoi qu'on en dise, et même si je me suis montré parfois excessif, la **culpabilité** est la meilleure amie de la **rédemption**. Au quotidien, une équipe de surveillance mentale permettait de débusquer les fraudeuses. Impossible de quitter sa villa dans le coffre d'une limo banalisée ou dans un conteneur à poubelles pour échapper à mes services (Betty Sweet, 2015).

Au bout de trois tentatives de fraude, j'augmentais la cruauté de mes constats, et ainsi de suite, jusqu'à l'acceptation chez mes coachées d'une véritable nécessité de changement – et donc de la fin de leur petit cache-cache narcissique avec moi, champion olympique clean qui n'allait pas se faire avoir par une fille à la paroi nasale en fibre de carbone. «YOU ARE NOTHING ANYMORE AND YOU LIE TO YOURSELF, *tu n'es plus rien et tu te mens à toi-même*» pouvait ainsi devenir le nouveau message que je faisais circuler sur les lieux incontournables de leur existence quotidienne, afin de les aider à survivre.

Hors de question d'abdiquer face au drame vécu par des étoiles en déclin ; hors de question d'abandonner à leur état de déchet les victimes d'un *star system* inique. Je n'ai en général aucun remords à être sévère avec mes coachées. Elles-mêmes me remercient quand je les ramène dans le droit chemin et qu'apparaît au rouge à lèvres, sur le miroir de leur salle de bains, le message final de leur coach adoré une fois sa mission accomplie : « YOU WON, SHINING STAR, *tu as gagné, brillante étoile* ».

Le rivage est bondé, joyeux.

Les ultraviolets ricochent sur la mer, attaquent la peau des baigneurs.

Le Sun Beach Club est devenu une forêt de parasols.

La chaleur est là, languide.

Les yeux de Julie clignent imperceptiblement derrière ses lunettes de soleil.

Puis ils clignent davantage.

Et davantage encore.

Une femme en nuisette noire transparente glisse dans un couloir désert. Elle pénètre dans une salle de bains, se dévêt, entre dans une douche de marbre rose. Ses cheveux sont longs, bientôt humides. Ses seins sont lourds, bientôt couverts de mousse. Son sexe est rose comme le marbre sous ses pieds. La fraîcheur l'inonde et elle ressemble à Angie Dickinson dans *Pulsions*.

Elle sort, se sèche puis, face à un miroir entouré d'ampoules comme dans une loge de théâtre, applique une crème de jour sur son visage détendu. Elle demande à son apparence :

« Suis-je femme ou présidente ?… » Son reflet lui répond : « Les deux… »

La femme-présidente descend à la réception et demande qu'on lui serve le petit-déjeuner dans la cour du fortin.

Alors qu'elle pose ses lèvres sur une tasse de thé, une main lève à la hauteur de ses yeux un livre ceint d'un bandeau publicitaire où l'auteur en photo dévisage sa lectrice sur fond de nuit stellaire : *Mental Coaching, ma méthode, mes succès*, de Paul Béranger.

— Je n'arrivais plus à dormir sans toi… Tiens, le livre de l'été, tous les Français le lisent. Tu dois le lire. Les vacances, c'est fait pour ça, pour se rapprocher de soi-même sans se séparer des Français.

L'acteur s'approche de la présidente, dépose le livre sur la table, l'enlace. Il est grassouillet, porte un pyjama rayé blanc et bleu. Ses cheveux sont noirs, coupés court, ses lobes frontaux dégarnis, sa peau déjà dorée, son air transi : conquis comme une élection, épanoui comme un cupidon.

La présidente prend l'ouvrage, considère l'homme en photo, le feuillette.

— Tu crois vraiment que je dois le lire ?

— Fais-moi confiance, chérie.

Sur la mer, depuis un voilier, un homme au teint jaune Ricard observe le fort avec un objectif longue focale. Il secoue négativement la tête : trop loin pour shooter.

Les paupières de Julie remuent de nouveau. Ses yeux s'ouvrent.

Elle reprend peu à peu conscience de l'île, du Sun Beach Club, du livre entre ses mains.

Je ne m'en suis jamais caché, je n'ai pas apprécié le coaching de Valentine Hollingworth sur le tournage de *Seule après la fin du monde*. Sans moi, Valentine, qui avait la phobie des volcans, n'aurait simplement pas pu tourner au sommet de l'Etna. Quoi qu'elle en dise, elle me doit tout, et surtout deux millions de dollars de dédommagement pour rupture de contrat. Depuis sa plainte pour sévices psychiques, seuls nos avocats communiquent. C'est ainsi et j'en suis très malheureux. Mais est-ce ma faute si Valentine s'est fait embobiner lors de la dernière semaine de tournage par un diététicien qui lui a dit que j'étais le Mal et qu'elle allait brûler en Enfer dans les entrailles de l'Etna ?

Parmi les stars que j'ai coachées, les actrices sont celles que j'aime le moins. Les plus ingrates. Les plus menteuses. Les plus cruelles, après les réalisateurs. Les plus idiotes et les plus crédules, aussi. Et puis je n'aime pas ces écuries de petits Français soumis à l'agrément des futures reines de Hollywood : cuisinier français, sommelier français, pâtissier français, coiffeuse et maquilleuse françaises, amant français, etc. Moi qui suis venu en Amérique pour coacher les grands de ce monde d'égal à égal, auréolé de l'or olympique et prêt à partager mes secrets sur la puissance mentale, je déteste qu'on me rappelle tous les jours que je suis le ressortissant d'un pays producteur de larbins. Valentine Hollingworth a obtenu le rôle de sa vie, je suis parti sans le moindre merci. Pour une actrice mille fois plus grande qu'elle : la Mort.

En général, je me refuse à des séances de mental coaching publiques. Les rares fois où j'ai accepté ce type de prestation, j'en suis ressorti avec un sentiment mitigé. La séance la plus spectaculaire a eu lieu alors que j'étais encore coach mental junior sur un yacht à quai dans le port de Saint-Tropez, à l'heure de l'apéritif, en face de Sénéquier. Avec le recul, j'en souris, mais je ne recommencerai plus. J'avais été embauché pour énergiser le **mental morbide** de la fille boulimique d'un richissime dignitaire ouzbek qui voulait calquer la plastique de son unique enfant sur des canons scandinaves, « contre un palais à Samarcande ». Comment aurais-je pu dire non ?

Nilufar, en vacances avec sa famille, s'est ainsi retrouvée à faire du gainage abdominal à mes côtés sur le pont du navire paternel, face aux touristes qui riaient de son surpoids et scandaient mon nom de champion. J'obtenais l'inverse de l'effet escompté : au lieu de muscler la volonté de Nilufar pour rompre en public avec sa boulimie, au lieu de lui offrir un fitness mental de star, je l'exposais à la plus terrible des humiliations, l'exhibition foraine. Le soir, la jeune fille s'est ruée sur la nourriture, a vidé le frigidaire du yacht familial et vomi toute la nuit. Pour me rattraper, j'ai dit au père qu'à l'avenir on travaillerait mieux en mer, loin des yeux de la foule, seuls sous le regard du Tout-Puissant. J'avais commis une faute professionnelle, je restituerais à Nilufar un poids idéal, mais gratuitement. Il a hésité, puis accepté.

Sa fille a aujourd'hui retrouvé une silhouette digne de ce nom, perdu quatorze kilos, et ne boit plus en cachette de l'huile d'olive au goulot. Le père m'a récemment mailé une photo de Nilufar sur un pur-sang arabe : elle est splendide et va bientôt se marier avec l'ambassadeur d'Espagne en Ouzbékistan. Je l'ai félicité sans lui avouer cependant que moi-même je venais de me marier avec l'ambassadrice de toutes les ambassadrices, Celle pour qui le poids est une soustraction.

Remarque : *l'une des astuces culinaires pour entamer une bonne détox est de se mettre à la soupe quotidiennement, avant l'attaque mentale proprement dite. Le corps se nettoie, l'esprit se prépare. Le bénéfice est pluriel. Non seulement la soupe gonfle l'estomac et empêche de se goinfrer, surtout le soir, avant le sommeil et donc le stockage des calories, mais surtout elle permet de bien s'hydrater et d'emmagasiner les sels minéraux. Les vedettes s'habituent très vite dès qu'elles voient leurs kilos fondre et leur mental redevenir sexy. Quand je dis soupe, je dis soupe, et non pas potage industriel enrichi à la crème fraîche. Cela relève du simple bon sens, comme en avaient nos ancêtres paysans : le soir, on mange moins que le matin et le midi, avant de se dépenser aux champs.*

L'été, au lieu de boire des sodas à la plage, il est préférable d'opter pour un green *jus bien frais – un jus de tomate fera l'affaire si vous ne trouvez pas de* green *jus à proximité de votre transat.*

Il est difficile de coacher des gens d'esprit désespérés. J'en ai fait la douloureuse expérience lors du coaching d'un écrivain français connu mais en mal de prix littéraires. L'homme, âgé d'une quarantaine d'années, avait passé un mois de novembre fébrile, dans l'attente de récompenses qui n'étaient pas venues – à ses dires, il avait fondé de légitimes espoirs dans l'obtention des plus hautes distinctions, conforté en cela par son éditeur et son attachée de presse, qui y croyaient dur comme fer – proportionnellement à l'importance de leur maison d'édition, la plus grande, m'avait assuré mon client. Résultat : rien.

Je lui rends visite début décembre 2015 dans son château en Bourgogne qui me frappe par son absence de chauffage. L'écrivain, couvert d'un anorak et d'un bonnet, m'expose sa situation, a la franchise de m'avouer qu'il a songé en finir avec la littérature. Je lui dis de me montrer son livre. Il me le tend, m'explique qu'il s'agit d'une histoire d'amour impossible entre un frère et une sœur. Je lui demande droit dans les yeux qui l'a vraiment écrit, lui, ou sa sœur. Il me dit : « Moi. » Je le félicite, lui confie qu'il est alors inutile d'attendre des puissances extérieures des récompenses qui n'ont pas lieu d'être, puisque la plus grande des satisfactions, il l'a déjà obtenue : il a écrit ce livre seul, en luttant contre ses pulsions incestueuses, en puisant au feu de sa source intérieure. Il lève sur moi un œil d'enfant et me demande : « Je peux vous croire ? » Je lui dis : « Vous pouvez me croire. »

Je conseille ultimement à cet écrivain malheureux de s'y prendre en champion, de ne rien attendre des autres mais tout de soi, et surtout de rompre avec l'influence néfaste et vaniteuse de son mentor éditorial. Il souffrait vraiment, n'avait pas de quoi payer la totalité de mes honoraires. Je lui ait dit de le faire dès qu'il le pourrait et de toujours méditer ces mots : **l'essentiel se voit avec le cœur.**

À l'automne suivant, pour son nouveau livre, *Le Soleil intérieur*, mon coaché a reçu quinze prix littéraires en France, vingt-quatre dans le reste du monde, et a été traduit dans plus de trente langues. Il a tenu promesse et n'a pas manqué de régler ma prestation.

Je lui ai naturellement envoyé mon propre ouvrage dédicacé.

Le mental coaching d'un groupe de stars est une chose très particulière. J'aimerais partager avec vous le souvenir d'une expérience extraordinaire avec deux équipes réversibles comme l'envers et l'endroit : d'un côté, un groupe d'**anonymes stars**, les commandos américains des Navy Seals, de l'autre un groupe de **célébrités stars**, les acteurs du film d'action *Expendables 5*.

J'ai été sollicité à plusieurs reprises entre 2006 et 2015 pour mental-coacher les Navy Seals dans le cadre d'opérations spéciales en territoire étranger, comme par exemple, même si je n'y ai pas participé directement, l'attaque et l'exécution de Ben Laden dans sa résidence secrète d'Abbottabad au Pakistan en 2011. Mon cahier des charges : apporter une **approche sublimante** de la préparation mentale pour la réalisation d'un objectif éclair, comme un sprint. On comprendra que, pour d'évidentes questions de sécurité, je n'ai pas le droit de révéler les opérations sur lesquelles j'ai travaillé. Un constat mérite cependant d'être fait : les membres de la « Team Six » sont aujourd'hui tous vivants, ainsi que moi. J'ai la prétention de penser que leur présence parmi nous n'est pas étrangère au mental coaching spécifique que je leur ai apporté.

Soit dit en passant, j'ai été choqué par la récente vantardise de deux Navy Seals qui revendiquent chacun, dans des livres de témoignage, l'élimination personnelle de Ben Laden. Quel égoïsme, quelle trahison de l'esprit de groupe ! Si l'on veut être une **personnalité anonyme de prestige**, il faut savoir le rester, et ne pas lorgner du côté des personnalités stars traditionnelles. Sinon, on fait du cinéma, comme les acteurs de *Expendables 5*.

Qui sont les Expendables ? Une unité spéciale composée de quinze mercenaires au service de la CIA. Ces hommes de l'ombre sont interprétés par des comédiens stars placés sous l'autorité superstar de Sylvester Stallone. J'ai été embauché par le producteur du film, Jimmy Olengsen, suite à des tensions intergénérationnelles au sein du groupe. J'avais pour mission d'anéantir les rivalités et les différences de statuts entre acteurs en soudant tout ce joli monde autour de la notion de sacrifice – pour ceux qui ne l'ont pas vu, le film raconte comment les Expendables doivent tuer le vrai Ben Laden, caché dans un bunker souterrain dans un fjord du nord de la Suède, le pays de sa jeunesse, alors que le monde entier croit qu'il a été assassiné au Pakistan en 2011 par les Navy Seals.

Avec moi, le *frenchie coach*, comme ils m'appelaient, ils ont souffert comme jamais. Physiquement bien sûr : maintenant, ils savent ce que courir veut dire, notamment Jason Statham, dont la masse musculaire était trop importante pour la pratique du sprint – heureusement qu'il n'a pas connu les entraînements de Serge le lévrier ! – mais surtout mentalement, lorsque, pour casser leur ego, j'ai organisé leur kidnapping sur le tournage, sans les en avertir bien évidemment, par de vrais Navy Seals déguisés en illuminés de Daesh. Les quinze Expendables ont ainsi connu quatre jours de réclusion et de **torture mentale** sans manger et sans boire dans une forêt scandinave à deux pas de notre lieu de tournage. Imaginez la tête de ces acteurs au top du box-office au moment de leur libération par les soldats de l'ombre qu'ils étaient censés imiter... Avoir flanqué une peur ultime à ces acteurs gâtés plus adeptes des salles de musculation que du jeûne forcé ne pouvait que renforcer l'humilité et la cohésion nécessaires au film. Chaque spectateur pourra s'en convaincre, la dévotion que les acteurs montrent à l'écran lors de l'assaut final, d'un réalisme à couper le souffle, doit beaucoup à cette préparation mentale qui fut pour moi comme une parenthèse enchantée au sein de mon activité, centrée en temps normal sur le rendement existentiel et projectif de l'**individu star**.

Le domaine d'Héliopolis était à présent parfaitement éveillé. Sur les hauteurs de l'île, la place du village grouillait de monde, au zénith de son activité annuelle. Les touristes faisaient leur marché, sous les yeux de marbre des frères André et Gaston Durville, médecins visionnaires fondateurs de la cité en 1932.

Parmi les commerces à disposition, la boulangerie avait le plus de succès. Des hommes sortaient de Chez Fanny les cheveux décoiffés avec du pain frais et des croissants sous le bras, puis disparaissaient vers la location où les attendaient les leurs.

Sur la plage des Sirènes, le Sun Beach Club aussi était parfaitement éveillé. Quelques clients y prenaient leur petit-déjeuner, d'autres s'acquittaient de la réservation des derniers transats libres.

Les vacanciers, sur le sable du rivage ou dans l'enceinte du club, bronzaient physiquement, loin en eux-mêmes, épanouis dans l'affirmation de leur présence génitale au monde.

Julie, sur le ventre, l'épiderme humide malgré l'ombre du parasol, continuait de bronzer mentalement.

Refusez de toutes vos forces ce faux *self* qui vous force à vous mentir à vous-même. Refusez de vous éloigner des sentiers de l'amour.

Elle se contracta, relut trois fois cette injonction. Son cortex, invisible sous le masque de son visage, était dans un état d'excitation intense, saturé de connexions neuronales neuves. Elle poursuivit.

Votre vie est un bras de fer contre vous-même. L'enjeu de la victoire est d'exister. Ce qui compte pour un champion, ce n'est pas la ligne de départ mais celle d'arrivée.

Elle se contracta de nouveau, préféra faire une pause. Elle s'assit sur son transat, se désaltéra, recevant une image confuse de la plage sous les brumes de chaleur, comme la perception fugitive d'un autre pays, d'un autre monde. Un filet de sueur perla entre ses seins, glissa sur son ventre, stagna dans son nombril, formant un petit lac salé. Puis elle prit son stylo, le décapuchonna, et retourna au plaisir des mots imprimés, adressés à elle, rien qu'à elle. Elle se mit à souligner les idées importantes.

Vous devez tourner le dos aux valeurs sans valeur de la société. Personne ne vous aidera sinon vous. Ne mourez pas sans avoir réalisé la promesse que vous êtes.

« Tu n'es plus jeune », lui avait dit son mari le jour de leur divorce.

Nous sommes tous égaux mais vous êtes unique. Et la vie passe vite.

« Tu es une CSP +++ hyperactive, les plus dures à caser », lui avait récemment dit une amie.

Ne vous fiez pas aux apparences, les autres sont encore plus mal que vous et bien souvent ne s'en rendent pas compte. Avouez à vous-même que vous n'êtes pas bien, mais pas pire qu'eux cependant. Vous pouvez vous en sortir.

« Je peux m'en sortir », susurra-t-elle.

Vous souffrez et n'en pouvez plus ? Avouez-le.
C'est vrai.

Si dans la nuit de l'homme et de la femme, vous souffrez, c'est bon signe.
Je ne sais pas si c'est bon signe mais je souffre.

C'est le signe qu'une bonne nouvelle va bientôt arriver.
Je l'attends.

C'est le signe même de la bonne nouvelle, qui ne vient jamais sans souffrance mais après un long effort, un long entraînement.
Je suis prête à souffrir et à m'entraîner, coach.

Le monde ne veut rien dire : il est. Mais vous, vous signifiez quelque chose : vous désirez être. Oui, je désire être. Vous êtes donc plus que le monde. Vous êtes le miroir de l'Univers. Le miroir de l'Univers.

Listez les verbes les plus importants de l'expérience humaine et accordez-les à vous-même : « s'aimer », je m'aime, « se comprendre », je me comprends, « s'observer », je m'observe, « se trouver », je me trouve, « se pardonner », je me pardonne, « se chercher », je me cherche, « s'adopter », je m'adopte, « se changer », je me change.

L'humanité a besoin de vous. Soyez la révolution dont le monde a besoin, et que celle-ci ait lieu : tout de suite. Tout de suite. Nous sommes tous des résilients, mais la résilience absolue, c'est survivre à la rencontre de la Mort, sombre putain. Mais dites-moi comment vous l'avez rencontrée, dites-le-moi enfin ! Ayez peur de vous-même. J'ai peur de moi-même. La peur de votre néant est le début de votre transformation. J'ai peur de mon néant, je cherche le début de ma transformation. Il faut vous exercer. Accepter mes règles. Vous évaluer face au miroir de votre conscience. Courir avec moi par-delà les illusions. Je courrai avec vous par-delà les illusions. La vie est comme une course olympique. On part tous en même temps mais il y a toujours un premier et un dernier. Un premier et une dernière. Il vous faut un objectif. Une rencontre. Un être aimé. L'amour existe. Il est là, caché. Il va venir. Venir. Oui, il va venir et vous entrerez en lui tout comme j'étais moi-même entré cette nuit-là et pour toujours dans le cœur de la Mort au sommet du nouveau Burj-al-Arab, palace érigé par l'émir de Dubaï pour la gloire et le futur touristique de son peuple, lui qui attendait de recevoir dès l'aube les premiers rayons de mon soleil psychique. Je vous le dis et vous le redis, quelqu'un est là pour vous, prêt à surgir. Je sais, je sais que quelqu'un est là pour moi, prêt à surgir. Il faut que vous cessiez de douter, il faut que vous cessiez de considérer que vous n'êtes rien, car c'est faux. Je ne suis pas rien. Dans la vie comme dans la non-vie on a ce qu'on mérite. Ce que je mérite. Votre responsabilité est engagée en cas d'échec personnel face à des objectifs existentiels et projectifs surévalués. Ma responsabilité est engagée. Il vous faut éviter les faux problèmes. Ne cherchez pas « pourquoi » mais découvrez « comment ». Comment ? Valorisez-vous. Dites trois fois de suite au réveil, au cours de la journée et au coucher : « Je suis capable de tout. » Je suis capable de tout, je suis capable de tout, je suis capable de tout. La pratique matinale de l'autovalorisation est un accélérateur de succès, n'hésitez pas à en abuser. Et c'est seulement à ce prix, quand vous aurez mis toutes les chances de votre côté, quand vous aurez enfin accepté de ne plus vous mentir à vous-même, qu'il se manifestera. Il vous attend et vous allez le trouver, croyez-moi. Je vous crois et

Julie frissonna. L'excès de significations la crispa, crispa ses reins, ses fesses, l'intérieur moite de ses cuisses, l'alliance du sémantique et du sexuel l'obligeant momentanément à cesser de lire en public. Elle leva la tête, regarda à droite et à gauche, vit Neko plongée dans la lecture de son manga. Les transats étaient pour la plupart occupés, comme le confortable équipement d'un cinéma de plein air face à l'écran maritime. Devant Julie, en première partie du film de la journée, se tenaient deux figurants, debout, de dos, scrutant la mer. Ils venaient d'arriver, allaient prendre place sur leur lit de plage. Le bras droit de l'homme était noir, comme trempé dans de l'encre, et tranchait sur la couleur blanchâtre, maladive, de sa peau, où saillaient sur les omoplates une nuée de boutons rouges – peut-être une réaction cutanée aux premières expositions solaires. Sa compagne était massive, ornée de deux pis roses. Julie secoua la tête de dégoût. Les nouveaux arrivants s'allongèrent sur un transat, sans parasol.

Le soir de ma première finale olympique, à Bangkok, le New Lumpinee Stadium était bondé. Cent mille personnes massées dans les gradins pour assister à l'épreuve de la discipline reine, le cent mètres hommes. En moins de dix secondes, le verdict suprême, la **vie éternelle du vainqueur mental** ou la mort des oubliés physiques... J'ai vu un premier présage favorable dans la forme ovoïde de l'enceinte olympique entièrement refaite pour l'événement: le signe d'une force bénéfique qui veillait sur ma personne et qui avait conduit la main des architectes à rénover ce temple pour mon couronnement, sans qu'ils s'en doutent. Lors des séries, nous étions deux Blancs en lice seulement, moi et un Polonais qui a fini dernier dès la première course. Les Noirs américains et les Jamaïcains allaient truster tous les couloirs, tous les succès, comme d'habitude... J'avais pour plan de cacher mon jeu. De me qualifier en douceur, sans montrer la férocité de l'énergie qui circulait dans mes mollets et attendait son heure pour jaillir.

En quart de finale, je me suis arrangé pour finir deuxième, avec un chrono assez moyen de 9,41 secondes, en laissant gagner sur les derniers vingt mètres Joachim Frayson, médaillé d'argent aux JO de Brasilia notoirement dopé et sérieux prétendant au titre.

En demie, j'avais choisi de me dissimuler encore un peu plus en terminant troisième quand un deuxième présage s'est manifesté. Alors que j'étais positionné dans les starting-blocks au couloir numéro 7, un hurlement canin a électrisé mon cerveau, m'obligeant à jaillir avant tout le monde : c'était Serge, le lévrier de mon enfance... J'ai giclé des starting-blocks sans le vouloir, **comme malgré moi**, coïncidant presque avec l'ordre du starter. J'avais déjà deux mètres d'avance sur mes concurrents quand ceux-ci s'élançaient à peine. Jamais je n'avais pris un tel départ, jamais je n'avais exprimé une telle **réactivité physico-sensible**. Le stade me soutenait, j'entendais sa fureur, les hurlements de Serge aux trente mètres, l'appel de la vitesse, les hurlements de Serge aux soixante mètres, je croyais en ma chance, même si les bookmakers, eux, n'auraient pas misé un seul cent sur ma personne... Je n'ai pu m'empêcher de gagner ma série en 9,15 secondes. Quelque chose de plus fort que moi était en moi, courait en moi, hurlait en moi, comme un long et libérateur aboiement où fusionnaient mon animalité cachée et ma volonté de gagner.

Rien ne pourrait plus m'arrêter désormais, mouaaaaawwwwwwww.

Nous y sommes. 19 h 50, couloir 3. Toute la planète retient son souffle, les yeux crispés sur les dix hommes penchés sur la ligne de départ, dont moi, Paul Béranger, peau blanche, débardeur blanc, short blanc, chaussures jaune fluo Total Sprint Puma – mon sponsor de l'époque. J'ai un but et un seul : devenir médaillé d'or olympique dans moins de dix secondes. C'est là mon rêve, ma vie, quoi qu'il m'en coûte, quitte à finir démembré sous l'effet de la vitesse après la ligne d'arrivée. Je sais que Serge va de nouveau hurler, qu'il va me propulser vers la victoire. *On your mark, get set, go !*... et... silence. Silence total dans ma tête. Ou... top départ. Oui : top départ, *go !*

Je n'entends ni les hurlements de Serge ni l'ordre officiel de m'élancer, peut-être à cause des clameurs de la foule, et je comprends qu'il faut partir et je pars mais j'accuse déjà trois mètres de retard aux quinze mètres. Mon temps de réaction a été nul, tout simplement, et non pas à cause du silence du lévrier mais **à cause de moi et de moi seul**. Je respire mal, m'arrache avec difficulté, décide cependant de prendre mes responsabilités aux trente mètres, tente de libérer mes chevaux mentaux mais peine à accélérer… Et puis soudain, et puis enfin, c'est comme une hémorragie d'adrénaline qui m'inonde de l'intérieur, mes muscles se déchirent et je me transforme non pas en un honorable sprinter blanc capable de finir au mieux sixième pour faire plaisir à son pays, non, je deviens moi-même Serge-le-lévrier, je deviens moi-même le chien de la Vitesse exterminateur de distance, un galgo sauvage lâché sur la piste olympique de Bangkok et… et je ne regarde pas mes concurrents, ni Jason Priest à ma droite ni l'ultra favori Spike Rotman à ma gauche, et j'ai l'impression que mes jambes sont à la fois des antérieurs et des postérieurs et que je cours sur quatre pattes et… et je vais de plus en plus vite, je suis la vitesse, la **joie de la motricité pure**, de la trajectoire et de la projection vitale. Quand j'ai revu la course quelques secondes après l'arrivée j'ai réalisé que j'avais quinze mètres d'avance aux quatre-vingt-dix mètres et j'ai accéléré encore et franchi la ligne d'arrivée avant de m'écraser dans la mousse du mur de protection.

J'ai rouvert les yeux.

Le stade scandait mon nom.

À côté du roi de Thaïlande qui m'applaudissait debout dans les gradins, j'ai aperçu Serge, la langue pendante et les oreilles dressées, ses deux grands yeux rouges comme la braise et ronds comme des médailles posés sur moi.

Chrono : 8,4 secondes. Le record du monde pour un siècle encore, disent les spécialistes.

De toute ma vie mon projet fut la vitesse. J'avais obtenu ce que j'avais tant désiré : devenir un bolide en short. Non pas tant grâce à Serge, qui volontairement ne m'avait pas fait signe lors de la finale, mais grâce à l'activation de mes ressources ignorées, soudain seul face à mon épreuve au couloir numéro 3, sûr de ma force, convaincu de mon étoile et tout à coup homme. Pourtant, les années avaient passé et certainement Serge n'était plus (il avait déjà douze ans quand j'en avais treize ; j'en avais vingt-huit lors de la finale, Serge vingt-sept s'il était encore en vie, soit cent quatre-vingt-neuf ans pour un animal si l'on applique la règle des sept ans). Quel était donc ce fabuleux émissaire de la réussite qui me faisait signe depuis les gradins VIP du stade olympique de Bangkok ? Peut-être l'image même de la force mentale dont chacun est pourvu et qui avait pris devant mes yeux la forme d'un ténébreux lévrier galgo au contact duquel j'avais appris à courir et à me surpasser dans les rues de mon enfance.

Le lendemain, j'ai récidivé en pulvérisant le record du monde du deux cents mètres en 18,8 secondes (ancien record : 19,19 secondes, Usain Bolt, 2008).

Le surlendemain, j'abattais le chrono du quatre cents en 39,4 secondes, descendant sous la barre réputée infranchissable des quarante secondes (ancien record : 43,18 secondes, Michael Johnson, 1999).

Et pourtant : pas de Serge dans les tribunes. J'avais de nouveau triomphé seul. Sans l'aide de personne.

Avec le recul des années, j'ai compris ceci : le soir de la finale du cent mètres, Serge a hurlé dans les tréfonds de mon être comme il aurait pu hurler en chacun d'entre vous. Pour stimuler votre puissance intérieure et vous faire accéder à la pleine prise de conscience de vos possibilités de champion. Pour faire de vous un **animal mental.**

La mère lisait et la fille lisait et le soleil cognait et le Sens cognait lui aussi.

L'avant-veille, à quelques heures du départ pour Héliopolis, l'adolescente avait succombé à la série *Bad Love Hackers* aux confins de l'espace manga d'une enseigne culturelle située au troisième sous-sol du complexe commercial des Halles, à Paris. Elle s'y était rendue seule, munie de la carte bleue Indépendance du Crédit lyonnais. Le tome 1, avec sa jaquette bleu ciel parsemée de nuages roses, était sous blister, comme un préservatif ultrafin collé au corps du livre, et brillait sur une table, sous la lumière douce qui pleuvait du plafond. Neko s'était avancée. Les lettres blanches du titre tombaient verticalement, doublées par des caractères japonais, tel un kakemono – une lame de mots, près du nom de la créatrice de la série, la mangaka Atsuko Endô. Au centre, trois jeunes hommes en costume, les joues enflammées, à la fois adultes et enfants, se donnaient la main autour d'une tablette numérique dont l'écran représentait une tête de mort aux cavités emplies de roses rouges. En bas apparaissait le titre de la collection, X-trem boys love, aux éditions Tanaga, et la mention légale « pour public averti ».

La main de l'adolescente s'était ouverte. Ses doigts aux ongles mandarine s'étaient posés sur la couverture, avaient semblé la caresser, en effleurer les visages. Ils avaient agrippé le volume, trouvé le reste de la collection sur une étagère, et filé à la caisse.

Puis ce fut le RER A, qui reliait directement les entrailles marchandes du centre de Paris à un pavillon de Rueil-Malmaison.

La mère lit et la fille lit et le soleil cogne haut dans le ciel et le Sens cogne au ras des mots et des images et il y a face à Neko le corps pour filles de Kinji, le dominé sentimental et sexuel (le *uke*) : une chemise blanche ouverte sur quatre boutons révèle le torse immaculé du jeune homme retenu prisonnier, les mains ligotées derrière le dos sur un tabouret de type Shogun. Des gouttelettes d'angoisse parsèment son front et ses joues, près d'yeux perdus et de lèvres entrouvertes sur une longue barre blanche uniforme, sans détails, au-dessus du trou noir buccal. Le nez est aquilin, les cheveux mi-longs, en bataille, sculptés en masses ensauvagées. Les traits stylisés en noir et blanc sont nerveux et jouent sur des contours nets, puissants, qui mêlent romantisme noir et érotisme de la domination, constitutifs du genre yaoi. C'est la perfection du visage d'un éphèbe déchu et d'une coiffure de pop star. Kinji n'a pas de pantalon. Sa chemise, virginale comme une tunique de condamné à mort, cache ses parties génitales et tombe sur le haut de ses cuisses imberbes, ouvertes en compas à 90 degrés. Une gerbe de roses noires repose à ses pieds.

La mère lit et ignore ce que sa fille lit, et la fille lit et se moque de ce que sa mère lit, et le soleil cogne haut dans le ciel vide, et les images cognent elles aussi, plus fort, et face à Neko il y a maintenant Manjiro, l'attaquant sexuel (le *seme*) dont la main surgit dans la case inférieure, crispée sur la chevelure de sa victime. La poigne est brutale, les doigts immenses, plongés dans les cheveux comme dans du sable. Les manches de sa chemise grisâtre sont retroussées, comme pour une mission à accomplir, une besogne à réaliser, un viol à commettre. Manjiro joue le rôle du mâle à la passion irrépressible, Kinji, sa proie femelle sur la voie du consentement : le couple hétérosexuel est constitué de deux filles aux traits de garçons. La main dans la chevelure est le phallus muet au centre de la page. C'est elle le maître.

Plus bas le corps et le visage de Manjiro se révèlent enfin. Ses cheveux sont clairs, savamment dispersés depuis une raie centrale nette. Ses yeux sont gris, froids – ceux d'un fantôme de retour parmi nous pour l'assouvissement d'une vengeance érotique aveugle. Ses traits et sa musculature, à l'instar de ceux de Kinji, sont fins, glacés, androgynes, mis à distance pour nourrir la fascination. Ils manifestent un idéal post-adolescent à l'imaginaire très anglo-saxon où le garçon s'avère être une sorte de lord de l'ère tertiaire – une synthèse Disney sans grain sexuel réel, un type plutôt qu'un personnage singulier. Le jeune homme a conservé son pantalon d'où émerge une verge massive et blanche, sans relief veineux, à l'aspect plastique de sextoy. Une bulle sévère accueille ses ordres : « Kinji, tu vas me dire de nouveau que tu m'aimes. »

La mère lit et la fille lit et le soleil cogne et les mots et les images cognent elles aussi, et Neko tourne avidement la page de son nouveau yaoi préféré pour entrer dans un nouveau chapitre, lettres blanches sur fond noir : « Le virus se répand ».

Portrait de l'amant en hacker inconsolable : Tomoaki, l'agent du contre-espionnage, est seul face à son ordinateur, seul face à la toute-puissance informatique. Une main lui dévore la moitié du visage. Le héros du Bien est une silhouette effondrée. Il porte des lunettes à verres blancs parfaitement opaques qui dissimulent ses yeux et lui confèrent un air de cadre supérieur à la terreur neutre, ou encore d'intellectuel spectral. Un mélange de peur et de concentration anime ses traits. Personne n'est à ses côtés pour l'assister dans sa quête de sauveur de l'amour, dans sa lutte contre le virus sentimental Bad Love Hackers (BLH). Ses joues sont creuses, deux ravins de chair livide ; sa chemise et sa cravate, rayée noir et blanc, sont portées sur un mode strict, presque avec pompe, avec la morbidité d'un esthète d'entreprise, dans la pièce vide où il gît, impuissant, une rose noire fanée entre les lèvres, près du mot : NON !!!

Je suis très heureux d'avoir participé à l'émission Top Coach sur Mongolia TV. Outre la promotion du mental coaching dans ce pays en voie d'accession au développement économique et culturel, aider de jeunes Mongols à devenir coachs mentaux afin de permettre à leurs contemporains à retrouver un mental digne de ce nom me semble avoir été une **bonne action**. Et puis j'ai aimé, en qualité de juré, bénéficier de l'avis de mes confrères locaux, même s'ils mènent une carrière plus modeste que la mienne et n'ont qu'une expérience limitée de l'international.

Sarantsartsr, la gagnante de la première saison, a été un **juste choix**. Non seulement cette fille mère a amplement mérité sa victoire, mais surtout elle va enfin pouvoir sortir de la honte et de la dépression, elle qui, avant le casting, songeait à changer de nom pour mener une autre vie, loin des siens, loin de l'opprobre sociale qui frappe les néo-urbains venus sans emploi à Oulan-Bator, la capitale. J'ai beaucoup de respect et d'affection pour Sarantsartsr qui désormais va tenter de coacher des Mongols dont elle comprend la souffrance psychique puisque elle-même a connu de longues périodes d'errement dans le désert de Gobi, où elle a passé sa jeunesse avant de monter à la ville. Mais laissons la vie faire son œuvre sur cette jeune personne pleine de promesses.

J'aime qu'on m'appelle « coach ». Lorsqu'on me dit « coach », toute familiarité est évacuée au profit du respect de ma fonction. Je ne suis pas l'ami de mes coachés, même s'il est bien évident que je ne suis pas non plus leur ennemi. Que les personnalités me détestent en phase de préparation n'est pas non plus pour les desservir. La haine intempestive et les mouvements d'humeur à mon égard traduisent en effet tout autant l'envie de progresser que l'amour du coach. Mais si je me fais appeler « coach », je désigne toujours mes coachés par leur prénom. La relation coach / coaché est asymétrique. Je renvoie à mes clients à la fois des signes d'autorité et d'affection – à moi de trouver le bon dosage entre sévir et caresser. Lorsque mon coaché a bien travaillé, je le félicite. Dire à une personnalité internationale qui vous paie un million de dollars qu'elle a réussi un bon trimestre mental la satisfait pleinement et crée les conditions d'une préparation optimale. Dans les pays francophones, je vouvoie toujours mes coachés.

Préparer mentalement les leaders du monde des affaires a quelque chose de martial : objectif et détermination, comme à l'armée, comme dans le sport ou la sexualité. Que l'on travaille son image ou son entreprise, même lutte à mort contre l'adversité. Pour réussir, il faut à tout prix de la discipline, de la méthode, de l'abnégation, et surtout : le **respect du coach**. Pourquoi pensez-vous que mes coachés acceptent le régime psychique que je leur impose ? Pourquoi acceptent-ils de pleurer à jeun au petit matin face à un miroir dans une salle de musculation mentale ? Tout simplement parce que mes coachés savent que c'est dans leur intérêt de souffrir. Croyez-le bien, leur retour sur investissement, ceux-ci l'obtiendront au centuple : par un mental plus beau, moins vieux, plus conquérant, par une supériorité retrouvée sur leurs collaborateurs et leurs concurrents. La nature n'est pas arrêtée. Ou bien elle vous domine, ou bien vous la dominez. C'est votre place dans la chaîne mentale qui détermine votre position dans la constellation sociale.

J'aime particulièrement coacher les élites du patronat indien, qui sont friands de mes conseils depuis 2012, année où j'ai coaché Adame Tatatati, le plus grand producteur de Bollywood, alors en conflit avec ses scénaristes. Le flegme qu'il a affiché lors des négociations salariales ont impressionné ses collègues et partenaires du monde de l'industrie culturelle lourde, qui m'ont sollicité sur-le-champ pour une prestation de mental coaching personnalisé spécial conflit social d'artistes. Avec les patrons chinois, le travail est différent. Ces hommes rompus à l'exercice du pouvoir sont en général plus cruels à l'égard de leurs salariés et en même temps plus ouverts à la méthode MC, plus réceptifs à ma soif de vaincre. En un mot, ils sont davantage guerriers, moins tournés vers les placebos spiritualistes de l'organisation sociale *made in India*, illusoire statu quo religieux entre puissants et misérables. Au fond, la gouvernance indienne, avec ses esclaves dociles, est moins difficile à exercer que la chinoise, avec ses salariés contestataires et ses patrons haïs et craints.

Moi, je ne hais ni ne crains personne. Ni les patrons indiens ni les patrons chinois. Ni la Mort sur ma terrasse du Burj-al-Arab II tandis que le vent s'était levé et balayait tout l'horizon, faisant vaciller le palace comme l'aiguille indécise d'une boussole de béton et gonflant mon peignoir telle une voile de soie. Et même si je désapprouve la domination de l'homme par l'homme, je ne juge jamais la déontologie de mes coachés, identique en cela à un avocat qui défend ses clients indépendamment de leur valeur morale et peut donc à ce titre s'occuper de personnes malhonnêtes. Je ne suis pas là pour faire

« le bien » mais pour agir et métamorphoser mes disciples, la plupart du temps des hommes et des femmes à la vie influente – *high impact lives*, comme disent mes confrères américains - et de temps à autre, à l'image de la plupart d'entre vous qui me lisez, des gens de peu, en quête de leur propre vérité mentale, et sans poids sur l'ordre du monde – *ordinary lives.*

La demande des Chinois est quasi tout le temps la même : la réduction du temps de sommeil – et parfois même son abolition – au profit du temps de travail. Dans un premier temps j'explique à mes coachés que l'effacement intégral du temps de sommeil n'est pas possible, que la **déconscientisation** est nécessaire à la récupération, à la force de travail ainsi qu'au toilettage des synapses, puis je leur dis que grâce à la méthode MC et à l'usage de l'hypnose orbitale, ils pourront se contenter de sommeiller une heure par nuit avant de vaquer de nouveau à la direction de leurs usines. Si je suis spécialisé dans la préparation mentale à la réduction du temps de sommeil, c'est parce que je bénéficie d'une grande expérience avec les skippers sur les courses au long cours. Les dix heures de sommeil de Jennifer Thomson lors de la dernière Route du rhum, réalisée en seulement six jours trois heures et vingt-deux minutes sur son trimaran *Génome humain / Fortuneo assurance-vie*, n'est rien d'autre que le fruit de mon long travail sous hypnose avec Jenny, et non d'un quelconque usage illicite d'amphétamines comme l'ont affirmé ses détracteurs (d'ailleurs tous condamnés au tribunal). La Mort, Elle, ne dort jamais, même à l'hôtel.

Avec la méthode MC comme livre de chevet, et peut-être même comme unique lecture pour vous cette année, le Sens non plus ne dormira jamais. Vous cesserez enfin d'être le **dormeur de**

vous-même. C'est avec émerveillement que vous vous direz : « Ça y est, je suis enfin moi-même, je suis réveillé, je suis changé, cela a eu lieu. »

Comme si vous alliez passer la nuit avec moi sur la terrasse du plus luxueux palace du monde, la **nuit mentale** dont vous deviez inéluctablement faire l'expérience pour accéder à un étage supérieur de votre esprit.

Comme si cette nuit allait avoir lieu pour vous aussi dans quelques pages.

Vous allez à présent découvrir l'**hypnose orbitale** à mes côtés.

Coupez toute source sonore autour de vous – radio, chaîne hi-fi, TV, enfants.

Trouvez un lieu confortable pour vous asseoir ou vous allonger.

Détendez-vous.

Fermez les yeux et écoutez le silence alentour.

Puis n'écoutez plus rien sinon ma voix qui vous dit « vous » et vous invite à entendre « **je** ».

Imaginez que vous êtes avec moi sur une élégante avenue dans une ville hautaine et splendide, la plus belle ville du monde. Vous êtes avec moi et vous marchez doucement. L'avenue est calme. C'est aujourd'hui dimanche, un beau dimanche de printemps, en tout début de matinée. Votre esprit lui aussi est calme, calme comme un dimanche. Vous sentez que quelque chose vous tire la main. C'est un lévrier noir que vous tenez en laisse et que vous promenez au soleil. Il porte un vêtement de printemps en tweed léger, d'où sortent ses pattes au poil soyeux, et une casquette assortie, d'où saillent ses oreilles dressées. Vous marchez lentement côte à côte, complices. **Vous n'êtes pas seul.**

À vrai dire, vous êtes fier. Fier de montrer que vous promenez non pas n'importe quel chien mais le plus beau lévrier du quartier. Vous sentez qu'il a envie de jouer. Comme il ne parle pas, il vous regarde de temps à autre pour se faire comprendre. Vous aussi, vous avez envie de jouer. Vous donnez un peu de mou à la laisse. Le lévrier se met à trottiner, et vous avec. L'avenue est déserte. Quelle beauté que ces immeubles d'architectes signés, que ces boutiques aux devantures si riches...

À un croisement vous vous sentez un peu triste : sur votre gauche se tient votre ancien collège, l'un des plus réputés de la ville, duquel on vous a chassé pour mauvais résultats. Vous en voulez à la direction car c'est vous qui couriez le plus vite de l'établissement : c'était une décision injuste. Pourtant, au fond de vous-même, vous le savez : vous n'êtes pas un médiocre, vous pouvez aussi réussir dans la vraie vie, dans la rue. Oui, vous êtes capable d'accélérer. De surprendre tout le monde. De vous fixer des objectifs et de réussir des projets. De dépasser tout désir de haine ou de vengeance contre ceux qui ne croyaient pas en vous.

Le lévrier manifeste désormais son envie d'en découdre avec l'avenue. Il rêve de courir et de répondre à sa nature de chien de chasse citadin. Une idée vous traverse l'esprit alors que vous apercevez au loin un grand monument blanc qui brille au soleil : et si vous couriez tous deux jusqu'au musée de l'Homme ? Et si vous vous y rendiez le plus vite possible en empruntant la chaussée déserte ? Tout à coup vous lâchez la laisse et le lévrier file. Vous tentez de le suivre et vous courez, courez vers la blancheur du monument. Mais le lévrier va trop vite et menace de vous semer. Vous paniquez : il pourrait être victime d'un accident de la circulation ou même renverser un enfant à pleine vitesse. Vous paniquez jusqu'à l'insoutenable, vous éprouvez une

angoisse pure

Vous courez mécaniquement après votre ami disparu mais votre corps n'y arrive plus. Où est votre lévrier ? Où le trouver ? Où aller ? Votre souffle devient court. Votre sang bat contre vos tempes. Votre perception du monde vacille, vous ne reconnaissez plus l'endroit où vos jambes vous portent. Vous ne reconnaissez ni l'avenue ni le monument à l'horizon. Vous êtes dans un bois. Un bois où la lumière brille à travers les feuilles neuves. Vous en respirez goulûment l'oxygène et la chlorophylle, comme si vous buviez des litres et des litres de bienfaisance. Vous êtes dans le **Bois**.

Et voilà que vous retrouvez votre lévrier qui vous attendait non loin, joyeux, urinant contre un arbre. Il vous regarde, les yeux brillants sous sa casquette de tweed, et vous invite à repartir. Vous vous pensiez perdu mais vous n'avez fait que le suivre. Le chien vous a emmené là où il voulait que vous alliez. Et de nouveau vous courez. Vous courez dans les allées du Bois. De temps en temps des formes humaines semblent bouger derrière les arbres. Puis vous sautez par-dessus non pas un tronc mort ou des branches cassées mais un couple en train de faire l'amour. Puis par-dessus un autre couple. Vous courez et autour de vous le Bois fait l'amour. Vous découvrez la vie cachée du Bois. Vos yeux sont grands ouverts. Vous découvrez la vie des hommes en compagnie de votre chien.

Soudain on vous siffle : c'est la police du Bois. Vous ne savez que faire mais le lévrier, lui, vous le fait comprendre : il accélère et vous avec, et vous sautez par-dessus d'autres corps accouplés. Vous n'avez pas le choix. Les sifflets se multiplient, il faut aller plus vite. Vous dépassez un homme tenu en laisse par une femme aux oreilles de cuir. C'est un théâtre dont vous longez la scène sans fin. Vous voyez ce que l'Homme désire dans le Bois. Vous voyez à quoi l'Homme joue. La lumière transperce les feuillages, vous n'avez jamais aussi bien respiré malgré l'effort. Vous voyez tout, vous remarquez tout. Surtout vous entendez la police qui vous siffle encore et encore mais plus rien ne vous arrête. Vous sprintez. Vous êtes heureux, vous êtes

orbital

D'autres arbres, d'autres allées, d'autres vies.

Vous êtes soudain sorti du Bois.
Macadam, feux rouges, feux verts, la ville de nouveau.
Vous courez, libre et inatteignable.
Vous voilà devant votre domicile, dans l'avenue familière.
Vous ouvrez la porte de l'immeuble à votre lévrier, parce que lui aussi a besoin de vous.
Vous rentrez comme si de rien n'était et retrouvez les vôtres.
Vous avez vu le Bois et pris vos distances avec ceux qui voulaient vous ramener dans le droit chemin.
Vous avez gagné.

Vous êtes bien à présent.
Détendu.
Lucide.
Je continue de vous dire « vous » mais vous entendez « je ».
Vous ouvrez progressivement les yeux.
Où êtes-vous ?
Chez vous, avec vous, en vous-même.
Vous prenez peu à peu conscience de votre environnement.
Vous êtes de retour à la **Réalité**.

Julie était groggy. Elle referma la méthode MC d'où dépassait un signet « L'été de tous les livres » – lettres bleues sur fond jaune soleil. Ses yeux s'emplirent de la vision de la plage animée. La matinée estivale se trouvait bien engagée à présent. Les touristes étaient là, au Sun Beach Club ou alentour sur le sable, solidement implantés sur leur territoire éphémère, dotés de parasols, d'un nécessaire de distraction, et de nourriture. Ils ne quitteraient leur place qu'au crépuscule pour se disperser sur l'île. La chaleur montait inexorablement, une morsure diffuse sur la peau, sur l'organisme. Elle but de l'eau et, un peu hagarde, dit à Neko qu'elle allait se baigner à son tour. Sa fille ne répondit pas. Elle gisait sur son transat, les bras écartés, avec en main le tome 2 refermé de *Bad Love Hackers*.

Le sable chaud brûla les pieds de Julie. Elle se sentait bien. Détendue. Lucide. Capable de dire « je » alors qu'elle entendait toujours « vous », prise dans la langueur murmurante de la plage, dans le brasier sensoriel de la condition balnéaire. Elle mouilla sa nuque, ses épaules. Elle se sentait dans un état second, apaisée et sensuelle dans les eaux chaudes de la Méditerranée. Des vagues de langage à la deuxième personne du singulier vouvoyaient sa psyché, comme un ressac hypnotique, une suite labiale de constats et d'auto-suggestions.

Vous êtes en vacances sur une île et c'est l'été.

Vous l'avez bien mérité après un premier semestre de compétition professionnelle acharnée.

Vous profitez de la plage avec votre fille, détendue et en sécurité.

Vous êtes autonome, sans frein économique, en capacité de vous offrir les vacances de votre choix.

Vous cherchez le bonheur et celui-ci ne demande qu'à vous sourire.

Vous aimeriez rencontrer quelqu'un, quelque part, bientôt.

Vous savez que le bonheur est une décision.

Vous pensez que coacher sa vie est une nécessité.

Vous ne voulez plus d'un scénario de non-vie pour la deuxième partie de votre existence.

Vous voulez vous prendre en main.

Vous voulez prendre la main de quelqu'un.

Vous voulez une histoire à succès pour la deuxième partie de votre vie de femme.

Vous voulez vous baigner, goûter aux joies de l'eau.

Vous désirez l'immersion, la vraie. Le vrai baptême. Une renaissance.

Vous voulez des solutions, ne plus douter, faire semblant de croire en vous, au destin, aux autres.

Vous aimez le contact de l'eau sur votre peau, entre mer et ciel.

Vous…

Julie plongea soudain, fila sous l'eau, le corps en extension, pure et droite comme un harpon sans but, refit surface, ses cheveux flamboyant au contact de la lumière. Le sel piquait ses yeux. Sa vue était brouillée.

Vous allez rencontrer quelqu'un.

Vous allez rencontrer un homme extraordinaire.

Julie sourit à l'idée que la présidente de la République, elle, était parvenue sans peine à rencontrer quelqu'un d'extraordinaire. Assurément parce qu'elle l'était elle-même, extraordinaire. Que pouvait-elle d'ailleurs bien faire à cette heure ? Prendre son petit-déjeuner avec lui, l'homme extraordinaire, au fort de Brégançon… Lui, un séducteur de son âge qui avait bien réussi son coup… Pourtant, ce genre de mâle n'était pas pour elle, Julie. Comment vivre avec un acteur ? Elle sourit de nouveau en se disant que si lui n'était pas pour elle, c'était donc qu'un autre le serait – l'hypnose orbitale commençait peut-être à faire son effet.

Vous êtes sur le point de dire oui à la vie.

Vous êtes sur le point de lui faire l'amour.

Julie se sentait glisser dans un futur immédiat jouissif et indécis, dans la superposition de la catégorie « projet » à celle d'« amour ». Dans le « projet d'amour ». Elle n'était toutefois pas encore *orbitale* mais heureuse de s'être laissé hypnotiser, de se mouvoir présentement dans le rêve éveillé du désir – un homme, un succès sentimental, sensuel et social, bientôt, probablement, sans aucun doute.

Elle fit quelques brasses panthéistes, passa devant un baigneur gras comme Bouddha, les mains jointes à celles d'une jeune femme à la poitrine calcinée dont le téton gauche était traversé d'une épingle à nourrice. Elle fit demi-tour, disparut de nouveau de la surface de l'eau, émergea près du rivage, tonique et conquérante. Deux hommes jouaient au Frisbee, de l'eau à hauteur des genoux, musclés, imberbes, la trentaine, le teint hâlé, silencieux, avec un masque de plongée remonté sur le front. Neko apparut, lui proposa une partie de ballon, la rejoignit dans le monde liquide.

Immergée jusqu'aux hanches, Julie reçut la balle et la renvoya à sa fille.

Autour d'elles nageaient et jouaient et riaient les estivants en une sorte de félicité utopique, loin des hordes humaines et des textiles du continent.

Asocialité de la joie : être affranchis du tourisme de masse.

Hypersocialité de la joie : être ensemble, naturellement.

C'est Héliopolis, l'île du corps.

C'est Héliopolis, la cité du soleil.

C'est Héliopolis, une carte postale *live*, bordée d'azur et de pins parasols.

Au-dessus d'elles des hommes volaient dans l'azur, libres, le désir nu, ascensionnels, tel Icare, emportés dans le ciel par les ailes de kitesurfs qui profitaient des rares souffles de vent.

Neko renvoya à son tour le ballon, les bras pliés et les mains jointes, et le ballon lui aussi monta dans l'azur et sembla un instant se superposer au soleil avant de redescendre lentement et de finir sa course sur les doigts en suspension de sa mère, et il repartit en sens inverse,

astral, total, idéal.

Puis Julie en eut soudain assez et laissa sa fille seule avec son ballon. Elle regagna sa serviette, où son livre dormait également sur le ventre, le dos au soleil, et l'attendait peut-être comme un amant providentiel.

Je sortais cet automne-là d'un échec mental avec le dignitaire fantôme d'un pays arabe au climat trouble. Dans le bras de fer qui m'opposait à la réalité, je m'étais refusé à honorer une commande pour laquelle je m'étais cependant engagé : coacher un général qui cherchait à préparer un « projet d'envergure » dans les salons fanés d'un palace, face à la mer – je m'étais renseigné sur son environnement professionnel, je le fais toujours quand je me déplace en terre inconnue. Pour le dire clairement, j'avais eu le pressentiment que mon client voulait supprimer le président. Et puis quelque chose clochait dans l'organisation matérielle du déplacement, sous-traité par une société roumaine dont le premier contact, par mail, avait atterri dans mes spams, un premier couac, donc, puis un deuxième, un document manquant pour l'obtention du visa dont on m'avait dit qu'il était inclus dans son coût sans que j'aie à m'en préoccuper – l'assurance pour le rapatriement de mon corps en cas de décès... J'accepte toujours une erreur, mais pas deux, surtout à l'approche de la Toussaint. J'avais brutalement décliné la proposition, me fiant à mon intuition, refusant de me soumettre à des paramètres administratifs que je ne pouvais contrôler, refusant surtout de procéder au coaching mental d'un tueur préparant un coup d'État.

Je déteste revenir sur mes décisions, mais un sang noir avait coulé en moi les jours précédant mon départ, une somme de symboles négatifs, des indices ésotériques qui vibraient dans l'air d'octobre et me disaient « n'y va pas » : un ami qui venait de perdre une sœur dans un accident de voiture sur une route du Midi (non, je n'avais pas tué le petit Joe, il s'était jeté sous mes roues, c'était un accident), une ancienne coachée croisée par hasard sur Sunset Boulevard, hagarde, les yeux vides, sous neuroleptiques, en survêtement, avec un casque sur les oreilles… Elle m'avait parlé de sa prise de poids de quinze kilos, des guerres de religion qui ensanglantaient la planète, du virus Ebola qui cherchait à punir les Californiens pour leur vie de dégénérés, des limites de mon coaching mental – et finalement de ma responsabilité face à sa situation psychiatrique et à sa vacuité professionnelle chez les stars de Hollywood… L'ensemble de la réalité mondiale semblait perdre pied sur ce boulevard de Los Angeles, entre le cinéma d'où je sortais et les feux du couchant qui embrasaient le Pacifique. J'ai pris les précautions d'usage que n'importe quel coach mental qui se respecte doit prendre face aux manifestations de la Folie. Je me suis éclipsé poliment, avec en tête l'idée de faire du ski nautique le lendemain pour me changer les idées, quand un message est apparu sur mon téléphone portable : l'émir de Dubaï prenait contact avec moi pour une séance de coaching mental le 2 novembre à l'aube, contre un million de dollars… J'ai donné mon accord sur-le-champ.

Le Burj-al-Arab II est la réplique optimale de son modèle originel, le Burj-al-Arab I, construit sur une île artificielle devant Dubaï et inauguré en décembre 1999 – une voile de verre et de béton hissée à trois cent vingt et un mètres de hauteur. Sa nouvelle version est aujourd'hui le gratte-ciel le plus cher et le plus luxueux du monde. Bâtie sur une deuxième île artificielle reliée à la cité par un pont, cette prouesse architecturale a coûté la vie à plus de mille ouvriers indiens chus des étages en construction ou coulés dans le béton. Il résulte de l'orgueil, et certains prédisent son effondrement un jour de tempête. Sa blancheur de mousseline dévore la lumière et oblige le visiteur le plus insolent à baisser le regard à sa vue. La clientèle de ce mirage est constituée de la frange la plus riche de la planète, en vacances ou en déplacement pour affaires. Mon séjour était bien sûr tous frais payés. J'avais pour mission de me concentrer sur mon coaching, non de m'acquitter de factures de quelque trente mille euros la nuit, oppressantes même pour quelqu'un de mon niveau social. Je me suis posé en jet privé au déclin du jour sur l'aéroport de Dubaï et suis reparti aussitôt en hélicoptère, avant d'atterrir sur la piste aérienne du palace afin de gagner mes appartements en toute discrétion, évitant ainsi la foule de millionnaires au rez-de-chaussée et la promiscuité humaine dans les ascenseurs qui courent sur la face est de l'hôtel, comme des veines. J'ai laissé cent dollars de pourboire au pilote qui m'a semblé faire la tête, puis j'ai décidé d'en laisser deux cents au majordome qui m'a conduit à ma suite, sans l'épanouir davantage. Ces hommes avaient l'air faux. Non pas qu'ils fussent de faux hommes, mais ils semblaient fourbes. Mais peut-être n'étais-je pas au courant des coutumes financières de l'émirat et les avais-je vexés. En tout cas, je m'en voulais d'avoir paru pingre, moi qui allais gagner un million de dollars pour une seule séance de coaching.

Ma suite justifiait pleinement les sept étoiles de l'établissement. Je la parcourais avec la satisfaction d'un voyageur respecté. Il s'agissait d'une immense rotonde dont la vue balayait magistralement l'horizon terrestre et maritime et dont la coupole translucide semblait absorber le ciel. Une terrasse en teck ceignait mes vastes, trop vastes appartements, avec un accès correspondant à chaque point cardinal. Je me suis dit : pourquoi autant de place pour moi seul ? Lorsque je me déplace, je ne demande jamais de suites juniors, souvent décevantes, leur préférant les suites classiques, pour couple ou famille. Mais pour la première fois de ma vie, j'ai eu le sentiment d'être dans quelque chose de trop grand pour moi. Une impression de solitude m'a envahi. J'ai choisi une chambre au hasard et rangé mes affaires dans une penderie dont les portes-miroirs buvaient la lumière en fusion du dehors : je mettais mes chemises sur cintres en compagnie du cosmos.

Après m'être rafraîchi dans la salle d'eau faite de marbre blanc et d'or, avec deux jacuzzis reproduisant les parallélépipèdes des Burj-al-Arab ancien et nouveau, j'ai enfilé un peignoir de soie au nom du palace et suis sorti prendre l'air sur la terrasse, par l'est. La nuit commençait à tomber. J'en ai fait le tour une fois, deux fois, trois fois, légèrement grisé par le mouvement, comme sur un manège, une piste d'athlétisme ou même un cynodrome éclairé pour un meeting nocturne. À une telle altitude, l'air est frais. Des radiateurs extérieurs en forme d'héliotropes illuminés au gaz étaient disposés tous les trois mètres et annihilaient les frimas marins. Des milliers de lueurs peuplaient l'horizon – la cité de Dubaï et les champs pétrolifères au large. J'ai baissé les yeux : à mes pieds, l'ombre mouvante de groupes humains sur le parvis de l'hôtel, encerclés par le néant bleu du golfe Persique. Une collation venait d'être posée sur une table basse, sous une cloche d'argent. J'ai cru entendre le feulement d'une porte coulissante. Il y a quelqu'un ? *Anybody around ?* Un serveur s'est manifesté en tenue rouge sang et gants blancs. Il avait le regard volontairement bas pour ne pas me voir en peignoir. Peut-être un esclave, un Yéménite. Je l'ai remercié, ai exigé qu'on ne me dérange sous aucun prétexte, lui ai donné cinq cents dollars (j'ai rapidement compté, sur un million c'était peu et je pouvais ainsi doublement lui faire plaisir et m'offrir ses grâces). Il n'a pas réagi, a pris congé. Je n'avais pas faim, mais soif. J'ai pris du champagne dans le mini-bar et décidé de méditer le ventre vide, seul avec moi-même sur la terrasse. J'ai pris place sur un transat, face à l'ouest, face aux derniers feux du couchant sur la ligne d'horizon. Je me suis servi une coupe, l'ai portée à mes lèvres. Ai fermé les yeux.

L'émir Mohammed Ben Omar al-Maktoum IV avait donc besoin de moi... C'était la première fois que je mental-coachais un émir. Dans la galaxie des gens puissants, ce type de dignitaire conjuguait la légitimité de la lignée prophétique à celle de la fortune. Celui-ci m'admirait pour mes distinctions olympiques, lui qui investissait massivement dans le sport aux quatre coins du monde afin de faire prospérer la marque Dubaï. Pour autant, je n'étais qu'un mécréant occidental de plus, certes auréolé de gloire, mais rien de bien récupérable dans l'au-delà. Qu'attendait-il de moi exactement? Je ne le saurais qu'à l'aube, puisque le contrat stipulait que nous commencerions notre première séance très tôt, dès après la première prière. Je n'ai pu cependant m'empêcher d'émettre quelques hypothèses: un homme de son rang qui avait besoin des conseils mentaux du plus illustre champion olympique de l'histoire du sprint et qui était capable d'y mettre le prix voulait... – mais oui! mais oui bien sûr! – voulait connaître l'essence mentale du sport et la transférer sur ses propres investissements! Ben Omar al-Maktoum IV désirait rien de moins qu'obtenir mon propre mental, qui lui n'a pas de prix! Il voulait me voler, contre un simple million de dollars... C'était un traquenard: je devais me méfier de ce Ben Omar al-Maktoum IV et ne lui livrer qu'une parcelle de mon savoir. J'ai rouvert les yeux. Il faisait désormais nuit sur l'émirat. J'étais comme en apesanteur parmi les étoiles. La terrasse circulaire baignait dans une lumière douce et m'évoquait irrésistiblement une petite piste d'athlétisme, confirmant ma première impression. Je me suis soudain levé et mis à trottiner sur le sol en teck en comptant mes foulées, comme au bon vieux temps. Revenu au point de départ, l'évidence s'imposait : la terrasse était un cercle d'exactement cent mètres de circonférence, un véritable endroit pour courir. J'avais vu juste. L'émir voulait vraiment faire du sport... Je lui donnerais ce dont il avait envie. Pour l'heure, j'envisageais de me restaurer, puis de me coucher tôt pour être en forme aux aurores.

J'ai pris place dans le salon, me suis assis sur un canapé d'angle en cuir blanc pour dix personnes, face à la table basse où était posée la cloche d'argent qui dissimulait ma collation. Le canapé m'a troublé car j'avais le même dans ma villa de Bel Air, acheté chez un décorateur de Rodeo Drive. Peut-être un signe de bienvenue, une délicate attention du majordome ayant vu des photos de ma villa dans un magazine de décoration. Une bouteille de solution énergisante ISO-X *power drink blue* était également posée près de mon repas. Qui avait donc posé cette bouteille ? Qui avait osé ? On s'était permis une deuxième fois d'entrer dans ma suite sans mon accord... Tout cela ne me plaisait pas du tout et, pour être franc, même si je bois peu depuis que j'ai arrêté la compétition, j'aurais préféré une demi-bouteille de saint-estèphe, vin mental, plutôt qu'un breuvage au bleu bizarre me rappelant la récupération après l'effort. Il ne fallait cependant pas que j'oublie que j'étais en terre musulmane, et que l'émir qui avait recours à mes services eût pu être choqué que je busse de l'alcool plutôt que de l'eau vitaminée. L'idée d'un rappel à l'ordre parce que j'avais absorbé du champagne traversa mon esprit. En tout cas, c'était acté, à la prochaine intrusion d'un étranger dans ma suite, je me plaindrais, politesse due à l'émir ou pas. J'ai soudain été pris d'une soif bestiale qui contredisait mon déplaisir initial à la vision de la potion : j'ai arraché le bec verseur de la bouteille avec les dents et l'ai descendue en trois longues gorgées. Je me suis essuyé les lèvres sur l'avant-bras, y laissant une sorte de plaie bleue que je léchai à la suite. La cloche d'argent brillait à la lumière naturelle des étoiles, sous la coupole translucide. J'avais faim. J'ai soulevé le couvercle du plat et... et j'ai hurlé, hurlé comme aucun mortel ne pourra jamais hurler : face à moi, sur le plateau, entre deux couverts d'argent, se tenait la tête tranchée de Serge, mon lévrier adoré, le cou dégouttant de sang. Ses yeux protecteurs et enflammés étaient les mêmes que ceux qui s'étaient posés sur moi lors de ma finale à Bangkok vingt ans auparavant. Ses oreilles étaient dressées, sa langue pendante et fixe. Il semblait joyeux, moins la vie.

Serge ! Serge ! que t'est-il arrivé, ô mon Serge ?

Oui, c'était bien Serge, la tête sectionnée, qui me dévisageait dans le salon désert. J'ai hurlé de plus belle sans parvenir à sortir le moindre son : mon mental avait lâché, on me l'avait fait perdre, on m'avait piégé. J'avais... perdu.

Du sang a coulé sur la table, puis sur la moquette, jusqu'aux pieds du canapé. J'ai voulu appeler à l'aide. En vain. J'étais hors de moi, incapable de crier, incapable de la moindre prise de décision rationnelle. Je suis parti à reculons sur la terrasse. J'ai tiré la porte vitrée derrière moi pour plus de sécurité. Mais j'étais... j'étais maintenant prisonnier au-dehors. L'air du soir déchirait mes poumons. L'angoisse me submergeait sur le point offshore le plus célèbre de Dubaï, que des milliers de personnes contemplaient à chaque instant du jour et de la nuit, tout de suite, maintenant, ignorant le drame mental que j'étais en train de vivre.

Puis il y a eu des aboiements, les aboiements de Serge.

Serge ! Serge, même mort tu es en vie !

Ses cris joyeux ont couru dans mon cerveau.

Serge !

J'ai tourné la tête à droite et à gauche, guettant le miracle de Serge le lévrier galgo torturé chez les Espagnols, décapité chez les Arabes puis ressuscité d'entre les chiens morts qui serait venu vers moi comme au temps jadis, mais j'étais seul, seul, seul, tout seul sur la terrasse du plus beau palace du monde conçue comme une mini-piste d'athlétisme, sous les étoiles prodigues en lumière mais muettes en signification. Et les aboiements redoublaient de force... Serge !

Devant moi, le vide marin.

Derrière moi, sous la coupole, la tête de Serge.

J'ai suffoqué, me suis penché sur la balustrade de protection pour vomir de la bile deux cent dix mètres plus bas.

Puis des pattes ont gratté mes mollets et mes cuisses pour quémander mon affection. Alors je... je me suis retourné et il y a eu... Serge ! Serge sans sa tête, qui se tenait fièrement sur ses deux pattes arrière en frétillant de la queue ! J'étais à bout, mes nerfs ont lâché, je me suis mis à courir, courir, courir de toutes mes forces sur la terrasse et plus je courais plus j'entendais les pattes de Serge qui me suivaient sur les planches de la piste, et il aurait bien sûr pu me rattraper d'une simple accélération sur le cynodrome de la Tour des Arabes mais peut-être prenait-il tout cela pour un jeu et j'ai fait dix ou douze tours de piste terrifié et... et j'ai craqué. À bout de souffle, vaincu, je me suis arrêté, prêt à affronter mon destin. Je me suis retourné : Serge m'a sauté dans les bras. Je l'avais à présent contre moi, heureux de me retrouver, mais je n'étreignais qu'un abdomen haletant privé de son encéphale – des yeux chaleureux, une truffe amicale.

Serge, ô mon Serge, on t'a coupé la tête et tu as besoin de

moi, comment ne l'ai-je pas compris plus tôt ? Tu veux donc que je t'aide !

J'ai gardé le lévrier sous mon bras et nous avons regagné la suite, barbouillant la baie vitrée du sang qui coulait sur mes mains et jaillissait sporadiquement de son cou tranché. Peu importait les souillures : ce ne serait pas à moi de payer l'addition de ce carnage mental mais à la direction du palace.

Du sang sur la baie vitrée… Julie se crispe, pose le livre entrouvert sur son pubis, puis lève les yeux sur le rivage.

Le sable, jaune d'or.

La mer, outremer.

Le fort de Brégançon, au loin.

Le murmure de l'animation humaine.

La communauté d'Héliopolis.

Neko à ses côtés.

Après le travail, les vacances.

Les vacances.

Nul sang à la surface du monde, juste une détente maximale.

Maximale.

Ses yeux sont lourds.

Ses paupières luttent, luttent.

Tombent.

Un oiseau de mer file au ras des vagues étincelantes, entre les îles d'Or et le continent, son plumage noir aux reflets verts vibrant dans l'air solaire, les ailes déployées de faible envergure, et il file sur la mer en sueur, file, file avant de prendre de l'altitude, de s'élever par-delà l'enceinte du fort de Brégançon, de planer au-dessus de la cour, puis de descendre doucement et de faire soudain face à la femme qui lit sur une chaise longue, tandis qu'un homme, la tête amoureusement posée sur ses cuisses, surfe sur une tablette numérique, et tout à coup l'œil gauche de l'oiseau s'ouvre et papillonne une bonne centaine de fois, comme indifférent à son sujet photographique, et soudain la femme se rend compte de sa présence et lui sourit spontanément comme une fillette à un animal merveilleux, un livre à demi fermé entre ses mains, *Mental Coaching, ma méthode, mes succès*, et alors l'œil gauche de l'oiseau de mer papillonne de nouveau – femme / livre / homme, ensemble, clic-clic-clic-clic –, et l'oiseau repart en criant, franchissant de nouveau la muraille de l'enceinte militaire, hurlant de plus belle, victorieux, puis plongeant à toute vitesse sur la Méditerranée, et filant, filant, filant en direction du paparazzi jaune Ricard qui l'attend debout sur un voilier de location, riche bientôt des clichés de l'acteur et de la présidente arborant *Mental Coaching, ma méthode, mes succès*, et alors Julie sort brusquement de sa rêverie et ses yeux engourdis s'ouvrent et elle considère le livre posé sur son sexe, comme un rappel à l'ordre, à l'urgence du travail sur soi, à la nécessité d'affronter la terrible vérité.

La tête de Serge reposait sur son plat d'argent, au milieu du salon, sous les étoiles. Elle avait la même expression que lorsque je l'avais découverte quelques minutes plus tôt, figée dans sa joie comme dans de la gelée. Arrivé près de sa partie manquante, le lévrier décapité s'est subitement dégagé de mon étreinte. Il a sauté au sol, tourné autour de la table à toute vitesse, comme un animal affolé sur les parties génitales duquel on aurait malencontreusement vaporisé un produit répulsif à la place d'un produit antipuces, et qui se fuirait lui-même, ne se supportant plus. J'étais témoin d'un **désastre physico-psychique** contre lequel même moi je ne pouvais rien : un être vivant, un mammifère comme chacun d'entre nous, cherchait sa tête sous mes yeux... J'avais le regard de Serge qui me dévisageait tandis que son cadavre animé ne cessait par désespoir de tourner autour de son centre de commande – une tête au port altier, un long museau au poil lustré, des oreilles à l'affût. Et ces prunelles de feu, la même admiration pour ma personne que lorsque j'étais devenu champion olympique du cent mètres... J'ai pris la tête de Serge entre mes bras.

Serge, ô Serge, que t'a-t-on fait ? Tu n'es plus qu'une tête !

Je l'ai embrassé, j'ai frotté mon nez contre sa truffe, caressé son museau, remué sa langue humide.

Serge, ô Serge, mon chien, mon ami, mon premier coach, toi qui m'as tout appris !

De nouveau, on a gratté mes jambes d'impatience : le tronc de Serge se tenait près de moi, sur ses deux pattes arrière, la bête voulait sa tête mais je ne pouvais la lui rendre. Un froid glacial m'a envahi. Je me suis mis à trembler comme un prêtre vaudou. J'ai saisi la tête de Serge par les oreilles, l'ai levée vers le ciel et j'ai dit :

— Créateur, que tu t'appelles Yahvé ou Allah, qu'as-tu fait de Serge, toi qui as conçu le Ciel, la Terre, le Mal et les palaces ?

Des trombes de lumière se sont alors abattues sur la pièce, un feu d'artifice d'étoiles filantes qui tantôt aveuglaient mon visage tantôt illuminaient la gueule de Serge et dansaient autour de son cou. J'ai été pris de convulsions, mes yeux ont cherché à sortir de leurs orbites, ma langue à s'éjecter de ma bouche, mes bras ou mes nerfs ont lâché de nouveau et j'ai posé la tête de Serge sur le corps furieux qui n'attendait qu'elle. Et puis tout s'est arrêté, d'un coup. Dans ce salon au luxe lugubre, Serge est revenu à la vie et s'est mis à lécher mon visage.

Serge, ô Serge, tu es revenu !

Jamais je n'ai été aussi heureux de promener mon fidèle lévrier que ce 2 novembre sur le toit de Dubaï. La vie nous avait séparés et voilà qu'elle nous rassemblait en un lieu magique, sans prévenir, loin au-dessus des civilisations, des religions, de l'Orient et de l'Occident, de l'homme et de l'animal. Nous avons marché, puis sprinté comme des enfants, comme autrefois avenue Henri-Martin. J'ai beaucoup parlé à Serge qui m'écoutait de ses oreilles dressées. Je lui ai exprimé ma gratitude pour le coaching gagnant qu'il avait pratiqué sur moi durant mes années de formation. Fier, il m'a de nouveau léché. Quand je lui rappelais un souvenir agréable, farceur, il s'amusait à accélérer pour que je tente de le rattraper. Mais j'avais pris un peu d'âge et j'avais du mal à le suivre. Serge... Au fond, tout était tellement logique. Mon beau lévrier avait retrouvé sa tête et moi mon mental. J'avais affronté et vaincu ma terreur, et Serge sa séparation d'avec lui-même. Dorénavant, plus rien ne pourrait m'épouvanter, jamais. Mais il manquait quelqu'un à ces belles retrouvailles : ma tante Geneviève, qui aurait été tellement ravie de voir son lévrier galopant à deux cent dix mètres de hauteur à bientôt cinquante ans, avec de nouvelles cicatrices, cette fois autour du cou, comme un collier... Malheureusement, elle était morte. Nous avons joué longtemps moi et Serge, oubliant le temps, oubliant la nuit, oubliant que l'aube allait bientôt nous prendre et me ramener à ma mission : coacher l'émir Ben Omar al-Maktoum IV.

J'ai sursauté, rouvert les yeux. Mis quelques secondes à reprendre mes esprits – la terrasse, mon transat, la coupe et la bouteille de champagne à ma droite, le Burj-al-Arab II, les cimes du palace, la mer en contrebas. Je m'étais assoupi au crépuscule, je me réveillais en pleine nuit, au milieu de nulle part. Sans Serge... On est idiot parfois. Imaginer que des êtres malfaisants avaient décapité mon lévrier en terre musulmane et que je lui avais recollé la tête en mode vaudou sous les étoiles qu'avait tant scrutées mon père... De qui ou de quoi avais-je peur ? Mon cauchemar avait pointé cette blessure ancienne d'avoir perdu définitivement mon mentor alors que j'étais enfant, à cause de l'égoïsme d'une famille qui n'aimait pas les chiens et l'avait envoyé croupir chez un éleveur sinistre... Mais mon mental avait surmonté cette déception et, comme je ne le répéterai jamais assez, j'étais devenu champion en partie grâce à mon lévrier, tout comme j'avais élaboré ma méthode MC grâce à son enseignement. Serge... La vie est garce parfois.

— Oui, elle est garce. Et même salope.

— C'est vrai, elle est vicieuse.

Mais qui avait parlé ? À qui avais-je répondu ? J'ai levé la tête : une femme se tenait contre la balustrade, de dos. Elle s'est retournée, prise dans la lumière d'extérieur. Elle avait un visage très blanc, des lèvres très rouges, des cheveux très noirs, assez longs, avec une grande mèche, et des lunettes noires. Elle portait un imperméable blanc croisé sur une poitrine que je devinais nue et fumait lentement une cigarette extra-longue.

— Qui êtes-vous ?

— Vous savez très bien qui je suis. Vous aviez rendez-vous avec moi, non ? Je suis la Mort.

Julie trembla. Quoi, Paul Béranger avait rencontré la Mort ! Non, c'était impossible : comment parler à celle qui nous attend tous pour que précisément on ne parle plus ? Ni la Mort ni le Soleil ne se regardent en face, c'était chose connue. Elle avait vu plusieurs défunts dans sa vie, pas simplement à la télévision. Le cadavre d'une amie partie dans les souffrances atroces d'un cancer de l'utérus. Son grand-père maternel, décharné, terrifiant, si proche, si lointain, dans une distance que rien n'abolirait plus jamais. Sa grand-mère paternelle, belle et comme endormie, telle une princesse ancienne, à laquelle elle avait parlé au funérarium. En vain. D'autres, qu'elle préférait chasser de son esprit. Rencontrer la Mort… Elle eut soudain un éclair. Et si c'était vrai ? Et si Paul Béranger avait bien rencontré la sombre Majesté ? Après tout, pourquoi ne pas écouter ce grand champion ? Cet homme lui parlait, ce livre lui parlait. Tout de lui lui parlait. Comme une liaison directe avec quelque chose d'inouï. Elle aurait voulu absorber la moindre molécule de sens réfractée par cette incroyable histoire, par cette fabuleuse méthode. Elle avait eu de la chance de tomber sur cet ouvrage, vraiment.

Ce n'était pas un hasard, c'était un signe. Son parasol continuait de la protéger des UV mais plus de la chaleur. Elle prit sa bouteille d'eau, but abondamment.

Sur le transat voisin, Neko, une main sous le menton, le pied droit montant et descendant comme un essuie-glace, dévorait le tome 3 de *Bad Love Hackers*. Kinji était sur le point de céder aux avances de Manjiro, son ancien amant. Ils étaient à présent serrés l'un contre l'autre dans un jardin merveilleux empli de fleurs étranges – la serre tropicale de la demeure secrète du hacker maléfique. L'otage n'avait plus besoin d'être ligoté. Il était désormais totalement offert, totalement vaincu et humide, le regard enténébré, érotisé par le graphisme ambigument homophile de la mangaka Atsuko Endô. Les yeux de l'adolescente étaient fixés sur la jonction possible des visages du prisonnier et de son geôlier. Ses lèvres à elle étaient entrouvertes, pâles. Elle pensa fugitivement à Tomoaki, l'amant trompé, absent de la page. Où était-il ? que pouvait-il ? et surtout : qui mourrait d'amour ?

La Mort… J'étais face à la Mort. J'avais pris rendez-vous avec Elle pour un **fatal coaching**. À la suite d'un mauvais pressentiment, j'avais annulé un déplacement dans un palace nord-africain où je pensais qu'Elle m'attendrait sans me douter que je la retrouverais ce soir au sommet du nouveau Burj-al-Arab, seule. Je m'étais fait piéger. Quelle femme… Et ces lunettes noires qui cachaient des yeux que je ne voulais pas voir et qu'Elle ne voulait pas encore me montrer. J'allais mourir. Elle continuait de fumer, se mit à parler très doucement, d'une petite voix chaste.

— Aujourd'hui c'est ma fête. Le 2 novembre, la Saint-Défunts… Merci d'y avoir pensé. Je suis timide, j'ai un peu brouillé les pistes pour que vous veniez à moi en jouant sur votre vénalité de coach de stars, veuillez m'en excuser – un million de dollars, c'est beaucoup d'argent, même pour mourir. Quand j'aurai fini ma cigarette, vous serez… Non, non, je vous vois effrayé, n'ayez pas peur, je suis douce !

— Il me reste combien de temps ?

— On a, disons… dix minutes.

— Dix minutes ?

— Oui, mais ça peut sembler long, vraiment. En fait, je vous ai invité pour vous demander quelque chose de délicat… quelque chose de gênant à demander à un vivant... quelque chose d'un peu spécial...

— D'un peu spécial ?

— Oui, j'aimerais que vous...

— Que je ?

— J'aimerais que vous me coachiez. En toute simplicité. Je sais que vous êtes un grand coach, très sollicité partout dans le monde. Ce sera le plus grand de vos défis : me coacher, moi la Mort, la plus grande des stars, celle qu'on ne croise qu'une fois. Qu'est-ce que vous en dites ? On peut peut-être essayer, non ?

— Vous m'attendiez ?

— Oui, mais je n'osais pas vous inviter si tôt. À votre âge, avec tout l'avenir devant vous et les progrès de la médecine...

Elle fumait la cigarette de ma vie par petites bouffées nerveuses et je voyais la cendre rougeoyer et mes années défiler.

— Comment me trouvez-vous ? Soyez franc, je n'ai jamais demandé ça à aucun autre que vous. Et puis personne ne pourra le savoir puisque je n'aurai pas l'occasion de le répéter ni vous de vous en vanter. Allez, en toute franchise, comment me trouvez-vous, moi, la Mort ?

La foudre a soudain illuminé la terrasse et j'ai vu l'espace d'un instant l'imperméable de mon hôte s'ouvrir sur deux globes de chair merveilleux et sur un sexe blanc cousu par un fil noir d'où pendait une aiguille sur des cuisses ensanglantées. Je...

— Alors alors, comment me trouvez-vous ? Comment suis-je dans vos yeux, dites ? Vous êtes ébloui, dites dites dites ? Vous ne répondez pas ?

La foudre a éclaté une deuxième fois. La Mort était somptueuse avec une main dans les cheveux et un sourire de vamp un peu surjoué, mais son visage blanc était transparent par endroits, comme du lait délayé dans de l'eau, et laissait apparaître des morceaux de nuit étoilée où mes yeux se perdaient.

— Alors alors, votre verdict ? Vous êtes mon seul spectateur ! Votre mental... tiendra-t-il le coup ?

Nouveau flash, nouvelle apparition de la Mort nue dans son imperméable en train de me sourire. Ces globes de chair, ce sexe à découdre... Je luttai pour résister à la vision et répondre à la question qui m'était posée.

— Belle... Vous êtes très belle, la Mort.

— Vraiment ? Oh, merci, merci !

Elle a tiré une longue bouffée de satisfaction sur sa cigarette, en a descendu un bon quart et s'est approchée de moi.

— Marchons, mon coach.

Elle m'a pris par le bras.

Nous avons longé la terrasse en silence, comme des... amants.

Je ne pouvais plus parler. Elle le faisait pour moi.

— On est bien tous les deux, non ? Je le savais, je me suis fiée à votre réputation. Vous êtes le plus grand sprinter de l'histoire et le meilleur coach mental du monde, toutes les stars le disent. On parle souvent de vous dans *Elle*, je le lis de temps en temps pour voir l'évolution des crèmes anti-âge. Vous ne fumez pas ? Vous voulez goûter à ma cigarette ? Non, vraiment ? Comme la mer gronde... Elle n'est pas contente que je vous donne mon affection. Il faut s'en moquer. La star et le principe, c'est moi. J'aime qui je veux. Je suis libre. Et vous me plaisez terriblement.

Le vent s'était levé et semait des gouttelettes d'eau tiède sur ma peau. L'orage menaçait d'éclater sur le golfe Persique. La Mort s'est accoudée à la balustrade, face aux lumières de Dubaï.

— Vous n'osez me parler ? Je suis désolée, je peux comprendre cela… Qu'est-ce qui vous ferait plaisir pour vous détendre ? Rester en vie un peu plus longtemps que prévu ?

Je ne pouvais m'empêcher de regarder la cigarette se consumer. Il en restait un petit tiers, entre l'index et le majeur de ma Maîtresse. Elle expirait des bouts de ma vie au-dessus du vide et je contemplais ce spectacle.

— Cinq minutes de plus ou de moins, pour quoi faire ? Non, j'aimerais avant de mourir savoir où se trouve Serge. Vous savez, Serge était un lévrier que j'aimais beaucoup et…

— Je sais parfaitement qui est Serge et aussi que vous venez de le voir en cauchemar, la tête coupée. En fait je sais tout, et votre célibat de champion mystique, et votre initiation à la vitesse auprès du chien de votre tante Geneviève. Je ne devrais pas vous le dire mais n'ayez aucune inquiétude : Serge est aujourd'hui au paradis des lévriers, un parc au gazon verdoyant où il peut courir heureux avec ses congénères mâles et femelles, pour toujours.

— Vous me l'assurez ?

— Je vous l'assure… Alors, vous me coachez quand ? Je suis très impatiente. C'est que… Je ne vous ai pas tout dit tout à l'heure. Je… J'aimerais que vous m'offriez une séance de coaching vraiment spécial, encore plus spécial que ce que je vous ai annoncé. Je suis très gênée de vous demander cela mais j'en ai… très envie.

— D'encore plus spécial ?

— Oui, j'aimerais que vous…

— Que je ?

— Que vous couchiez avec moi.

— Que je couche avec vous ?

La foudre a de nouveau déchiré les ténèbres, l'imper de la Mort s'est lui aussi divisé en deux, Elle s'est exhibée le temps d'un flash sauvage et j'ai vu son corps illuminé et haletant à deux cent dix mètres au-dessus des flots. Je le savais désormais, je ne coacherais pas à l'aube l'émir Ben Omar al-Maktoum IV dont seuls m'avaient intéressé l'argent et la folie, mais j'allais plonger dans le sexe de la Mort.

— Oui, vous avez bien compris : je voudrais que vous soyez le premier homme à coucher avec moi, la Mort, a-t-Elle dit en tirant une longue bouffée sur la cigarette de ma vie qui était bientôt finie, à quelques taffes du filtre blanc maculé de rouge à lèvres. Un bel homme comme vous, en peignoir de soie... Ce sera une première pour nous deux, et l'occasion pour vous de mourir en beauté en apprenant le secret du coaching absolu.

Le secret du coaching absolu ? Comment pouvais-je refuser une telle proposition ? Quitte à mourir, j'allais acquérir au dernier moment de mon séjour terrestre le secret de la méthode que j'essayais de mettre en place depuis plus de vingt ans avec mes coachés du monde entier. Mais pour cela, il me fallait d'abord avoir une **relation sexuelle avec la Mort.**

Neko ferme brusquement le tome 3 de *Bad Love Hackers* et reprend peu à peu conscience de l'île. Son visage est une souillure d'acné à vif autour de sa bouche, sur son menton, jusqu'au milieu de ses joues. Ses lèvres sont entrouvertes et fines et le soleil étincelle fugitivement sur son appareil dentaire alors qu'elle ouvre son sac de plage pour en retirer son iPhone à coque décorative blanche ornée d'un cercle rouge – le drapeau du Japon, le pays du Soleil-Levant.

La jeune fille entre le code secret n-e-k-o, se mire quelques instants dans le miroir crypté jusqu'à ce que Tokyo apparaisse en fond d'écran. Puis elle se connecte à Facebook.com/neko.yaoi. Sa main se déplace plus loin sous le parasol, vraisemblablement pour offrir davantage d'ombre à la machine, d'obscurité aux mots. Déterminée, elle se met à écrire, du bout de l'index, lettre par lettre, de plus en plus rapidement à mesure que sa pensée prend forme et jubile : « Salut les yaoi girls ! J'ai fini le t 3 de *Bad Love Hackers*, total dégoûtée, Kinji s'est laissé embrasser et même + par Manjiro, grrr… Que fout son vrai mec ??? » Elle s'arrête, se redresse, fait face au soleil qui tente d'inonder les verres teintés de ses lunettes.

Près d'elle sa mère continue de lire, inerte, le dos cambré, les fesses charnues, les jambes dépliées aux muscles saillants, vieillis cependant sous la peau crémeuse, distendue par endroits. Neko pose de nouveau ses yeux sur son iPhone, ajoute : « Vacances ok, il fait beau, je me baigne sur une île aux maillots top tendance. *So cute, sehr schön.* » Un tic nerveux agite soudain sa pommette gauche. Elle pose son téléphone, reprend son yaoi, se concentre sur le pli intérieur droit de la jaquette.

Atsuko Endô

Date de naissance : 29 février 1992

Taille et poids : 1,57 m, 46 kg

Couleur de cheveux : noirs, verts ou rouges

Groupe sanguin : A rhésus négatif

Aime : les panthères et les orchidées

Déteste : la chirurgie esthétique

L'adolescente a l'air songeuse.

Puis elle se lève, téléphone en main, et se dirige nonchalamment vers la mer couverte de baigneurs. Le sable brûle ses pieds, de pas en pas. Elle croise un enfant de six ou sept ans vêtu d'un tuba et d'un masque à verre fumé. Il est accompagné d'un garçonnet plus jeune, de quatre ou cinq ans, habillé de brassards gonflables jaunes, la morve au nez, le front et les cheveux pleins de sable, la verge tire-bouchonnée au scrotum également couvert de sable. Les deux bambins vont se baigner, mais sans Neko qui, elle, se contente de délasser ses longues jambes dans l'eau du rivage, qu'elle arpente d'ouest en est. Elle fait la moue, puis sourit et se remet à alimenter son actu Facebook, ajoutant à la jouissance du langage et du soleil le plaisir d'un bain de pied sensuel et mobile : « Hâte de lire après *BLH* le nouveau *Snake Tenderness* de Mitsu Kawabaro, Clara dit que ça déchire tout. » Neko appuie sur la touche Envoi. L'eau avale ses chevilles. Ses yeux se promènent sur le continent, sur l'image inatteignable du fort de Brégançon au loin, si proche. Les réverbérations du soleil sur l'eau dévorent invisiblement sa peau. La crème de protection à la surface de son épiderme, peut-être d'efficacité moyenne et à qualité d'absorption faible, est devenue liquide et coule sur ses seins maigres, dessinant des rigoles de lait clair. Se baigner ? Oui, se baigner. Un peu de fraîcheur avant d'attaquer le volume suivant de *Bad Love Hackers*. Neko fait le chemin inverse, croise une jeune fille blonde d'une vingtaine d'années au saisissant parfum de patchouli qui descend vers la mer avec son compagon, petit, musclé, brun, une étoile de David autour du cou. Sa petite amie est plantureuse, uniformément bronzée, la peau ferme, les seins fermes, le regard ferme tendu vers l'horizon, les yeux masqués par des lunettes à verres mouche géants Persol, ignorant la petite créature au visage vérolé de puberté qui l'observe derrière ses lunettes de soleil Mandarin' et l'envie secrètement. Neko entre dans l'enceinte du Sun Beach Club, range son téléphone, avertit sa mère qu'elle va nager, ce qui vaut invitation, et entend : « Plus tard, je lis. »

C'est moi qui ai tué le petit Joe. Moi, la Mort. C'était un accident. Et mon plaisir. Lorsqu'il a surgi à vélo sous les pneus de votre Hummer devant sa villa de Beverly Hills, vous ne pouviez l'éviter. Hmmm... L'enquête de police n'a pas dit autre chose. Ses parents n'ont pas porté plainte et vous entretenez aujourd'hui de très bonnes relations avec eux – vous avez même offert une semaine de coaching mental gratuit à la maman du petit garçon, une sociologue réputée... réputée pute et stupide, un an après le décès de son ado... de son idiot d'ado qui se masturbait du lever au coucher du soleil en ne pensant qu'aux trous noirs de ma galaxie intime. Ça va coach, je ne vous heurte pas trop ? Je suis douce mais j'aime bien parler, j'aime le sexe des mots. En... en... encore...

Si l'on vous en a tant voulu, c'est parce que vos concurrents, ulcérés par votre succès, ont volontairement alimenté la rumeur sur les réseaux sociaux : vous rouliez soi-disant avec un bandeau noir sur les yeux pour tester vos capacités de perception extrasensorielle, vous auriez bien sûr acheté le silence des parents pendant que moi, la Mort, j'étais à vos côtés le temps d'une épique *conduite voluptueuse*, comme l'appelle le code pénal des Français... Hein, l'avez-vous dit à la justice qu'une femme était en train de vous sucer le membre quand vous avez percuté Joe ? Oh, coach, excusez-moi, je ne voulais pas vous blesser, avec vous je perds toute décence. C'est plus fort que moi, je suis douce et un peu maladroite parfois, pardon, vraiment. En... en... encore...

Vous avez très mal vécu cette campagne calomnieuse qui a nui à votre e-réputation. C'est d'ailleurs moi qui ai cherché à vous tuer sur la Toile, hmmm, car je me moque de votre vérité en ligne, et raffole au contraire de vos accès de souffrances parano-narcissiques. Je voulais juste vous tuer à petit feu, comme des... comme des préliminaires mentaux avant qu'on ne se rencontre tendrement à l'hôtel, vous et moi. Avant notre finale. Avant tout de suite, coach. En... en... encore...

Oh, j'aime quand vous me fouillez au corps comme un flic qui ne sait pas se tenir tandis que je regarde les lumières de la ville avec vue imprenable sur la cruauté d'une cité où le foutre ruisselle comme les dollars, la religion et les esclaves, je m'en... Foutez-moi, hmmm, le vent se lève et cherche à laver la Terre de votre sale petite présence mentale. Désolée... Ça va coach, je ne vous manque pas trop de respect ? Je vous parle mal, vraiment, mais c'est plus fort que moi, j'aime jouir de mes sottises, il faut me prendre comme je suis. En... en... encore...

C'est également moi qui ai déposé la solution énergisante ISO-X *power drink blue* près de la tête de votre lévrier Serge, pour que vous soyez plus performant pendant que vous me faites l'amour sous le vent, la pluie et le sable au sommet de la Tour des Arabes, hmmm. Plus fort, abruti, prenez-moi comme une boussole et humiliez-en chaque pôle. Je suis l'origine de votre cauchemar, l'accélération du sang qui afflue au sommet de votre pine mentale. Moi, je, la Mort, vous en supplie : perdez-la quelques instants, votre tête violacée venue du fond des âges, et continuez vos sprints dans ma matrice infecte, hmmm. Je suis un mot, la Mort, et je vais vous tuer. En… en… encore…

C'est aussi moi qui ai anéanti votre tante Geneviève et son lévrier Henri François Maurice Eugène Albert Marcel Charles Gustave, non… Serge ! Quel animal… Je ne regrette que son membre rouge de chien battu enfoncé dans mon p'tit trou de chienne en rut. Lui, je l'ai torturé par la lame de son maître, un paysan andalou méchant et alcoolique, irrécupérable et diminué, un dénommé Juan ou Ramon si je me souviens bien, une anomalie de la raison et de la morale – rien que pour cela je le laisserai vivre encore longtemps. Hmmm, oui, comme ça, coach, à fond de train… En… en… encore…

Coach, enculez-moi s'il vous plaît pendant que je contemple Dubaï *by night*. Merci, merci beaucoup. Que cette cité est belle sous la tempête et la désorganisation mentale. J'aimerais que vous puissiez vous consacrer entièrement à la souveraineté de mon appétit sexuel, sans origine ni fin, comme le vent, comme la vie. Ça va ? Vraiment ? Dites-moi si j'abuse de ma position. Mon imper ne vous dérange pas ? Je m'aperçois que j'aime bien le conserver pendant l'acte, c'est tout nouveau pour moi, un homme. C'est bien. En… en… encore…

Oh, moi, la Mort, me faire enculer au sommet d'un palace un 2 novembre… Plus vite, foncez ! Je veux jouir et vous précipiter par-dessus le garde-corps ! Mais avant regardez-moi en face, sans mes lunettes, coach. Tout de suite, c'est un ordre… Hmmm.

La Mort me parlait mal et pourtant qu'Elle était douce… Je ne la voyais pas, je ne voyais rien, plus rien, et ses mots lamentables résonnaient dans mon crâne et le sable du désert porté par le vent griffait ma peau. La foudre a de nouveau surgi et cassé le ciel en deux comme une assiette, puis elle s'est abattue sur moi et m'a traversé de part en part sans me tuer et je me suis senti subitement d'une force infinie et je secouais par les épaules un imperméable blanc rempli d'ivresse sous le vent, la pluie et la désolation. Puis le sol a tremblé, la tour a vacillé sur elle-même, et la Mort a hurlé et je ne voyais pas la lumière au bout du tunnel comme dans les témoignages mensongers sur les expériences de mort imminente, je ne pouvais pas la voir car j'étais moi-même en Elle, au sommet en feu du Burj-al-Arab II soudain penché comme une verge canine à l'oblique du plaisir, et la Mort s'est retournée, quelle femme, elle a baissé ses lunettes comme une petite culotte, et je l'ai vue en face, et j'ai hurlé à mon tour sans même savoir ce que je hurlais, comme une ressource inouïe jaillie des tréfonds de mon être : **le coaching est chose mentale !**

Il y eut un grand silence.

C'était l'aube.

J'étais seul sur la terrasse de ma suite, avec un imperméable chiffonné entre les mains et un filtre de cigarette taché de sang à mes pieds. J'avais atteint mon moi de cristal, l'état de conscience le plus élevé qu'un membre de notre espèce puisse atteindre. Je me sentais désormais sans limites et légitime pour m'adresser aux hommes, à tous les hommes. J'ai fait mes valises et laissé mille euros de pourboire à la Mort sous la cloche d'argent où j'avais eu la vision de Serge décapité, puis je suis rentré à L.A. par le premier avion.

Dans les heures qui ont suivi mon arrivée, j'ai écrit les grandes lignes de mon expérience MC, vivifiée par le secret du coaching absolu qu'aucun autre humain que moi ne peut connaître dans sa chair, et pour cause : au-delà de ma peur et au péril de ma vie, j'avais couché avec la Mort.

Julie et Neko déjeunèrent au Sun Beach Club, sous une terrasse protégée par un toit de paille. La mère était fermée, songeuse, mais sa fille n'avait pas davantage envie de parler (au moment où Manjiro avait forcé Kinji à l'embrasser dans la serre tropicale, Tomoaki avait été comme frappé d'un coup de couteau en plein cœur face à l'ordinateur où il tentait d'annihiler le programme BLH. Le virus se propageait partout dans le monde, d'anciens amants devenaient des victimes manipulées, soumises au joug de tyrans sentimentaux qui n'acceptaient pas la perte de l'être aimé, et Kinji allait inexorablement subir les outrages sexuels de Manjiro, qui était physiquement prêt à cela, le dessin en témoignait, le tome 4 le confirmerait).

Neko commanda un panini et un Coca.

Julie opta pour une salade « Sun Beach royale », à base de melon, de mozzarella *di bufala campana* et de copeaux de figues de l'île, promettait la partie végétarienne de la carte.

À deux tables d'elles, un homme âgé à la zone mammaire couverte de poils blancs lisait *L'Année terrible de la France*, d'Albert René. Devant lui, un homme jeune et musclé était absorbé dans la lecture du journal *CQFD,* « mensuel de critique et d'expérimentation sociale », édition spécial été, tandis que son amie, fine, bronzée, aux mamelons cuivrés, lisait le nouveau numéro de la revue *Jef Klak*.

Le serveur servait en dansant. Il était sans poils mais avait un collier de boules d'ébène serré au cou.

D'un immense mur d'enceintes en train d'être monté s'échappait un beat électro cool comme le clapot *lo-fi* des vagues.

Julie ne put s'empêcher de feuilleter de nouveau son livre. Comme un deuxième repas – discret, immatériel, psycho-nutritif. Des formules et des sentences ressurgirent, aux vertus apéritives indéniables, euphorisantes et sans alcool, sans danger pour la santé.

JE CROIS EN VOTRE DÉVELOPPEMENT MENTAL. SI VOUS TENEZ MA MÉTHODE ENTRE LES MAINS, CE N'EST PAS UN HASARD.

Elle eut faim de sens, faim d'elle-même.

Grisée, et peut-être prévoyante, déjà dans l'à-venir, elle se plut à consulter les autres titres de la collection « Les clés de la réussite », telle la carte d'un restaurant parallèle – des recettes magnétiques, mystérieuses, donnant accès à un autre festin, intime et essentiel.

Pierrick Bayou, *Un, deux, trois : succès !*
Jean-Christophe Boudat, *La septuple loi du facteur chance*
Nicole Bouissex, *Les portes du bonheur*

Elle but un verre d'eau fraîche.

Thomas Clark, *Intérieur, mon ameublement mental*
Bruno Giberte, *Gagnante-gagnante*

Bruno Giberte… Elle avait lu son ouvrage l'an passé, en avait tiré bénéfice lors d'une négociation à plusieurs millions d'euros avec une société écossaise. Ce livre était connu des amateurs de DP. Un classique.

Anatole Istriu, *L'écologie libertaire de la destinée*
Noël Marengo, *Prendre son pied sans se prendre la tête*
Pierre-Yves Tarzin, *Le succès, ça se cuisine ! (quinze nouvelles recettes)*

Pierre-Yves Tarzin !

Elle avait également lu son ouvrage, très bon – une somme de conseils pratiques pour améliorer son relationnel global et impacter la positivité de ses projets. Mais sa référence demeurait sans nul doute *Génération G, la victoire des gentils*, de Hervé Lafève, chez Tonik Éditions. Car elle-même appartenait à la génération G. Elle se savait gentille. Trop. L'avait toujours été. Sans savoir transformer son handicap en atout. Ce manifeste pro-gentils l'avait accompagnée dans ses épreuves récentes. Enfin un livre qui rétablissait l'honneur des gentils, dont le règne avait du mal à advenir !

Mais aujourd'hui elle ne parvenait pas à quitter la méthode MC. Elle revint au texte, à ses assertions les plus décisives.

AU-DELÀ DE MA PEUR ET AU PÉRIL DE MA VIE, J'AVAIS COUCHÉ AVEC LA MORT.

Face à l'insupportable intensité des mots, elle eut besoin de se détourner de l'ouvrage, de fixer l'horizon obstrué de baigneurs.

C'était à elle de jouer maintenant ; à elle d'effacer l'auteur comme on tue le père. De refermer le livre. Et d'agir.

C'est le moment S sur Héliopolis. Le moment zénithal où tout le monde dort, où il est inutile de lutter contre son propre poids, contre sa propre fatigue, contre sa propre envie de disparaître au pays du sommeil, sur le drap d'une chambre d'hôtel, dans un hamac à l'ombre d'un arbre, sous un parasol de plage ou sous un livre.

À l'instant, une jolie tortue femelle se traîne sur le sentier littoral. C'est une tortue d'Hermann, que distinguent, sur sa carapace, des figures géométriques couleur ardoise sur fond jaune paille. Elle mesure une quinzaine de centimètres, doit avoir un peu plus de vingt ans à en croire le nombre de décorations sur son dos. Ses yeux sont noirs et ses lèvres rose pâle et elle avance et le soleil irradie toute chose sur Héliopolis, brûlant la végétation, les roches et les constructions et les dernières peaux humaines qui osent le défier, et soudain elle bifurque et va se cacher sous un buisson, sous le chant perpétuel des cigales immobiles et hurlantes.

D'ici la vue est imprenable et le regard indifférent de la tortue délicate absorbe la présence sous la canicule d'un mirador désert, d'un mur barbelé, d'un sentier poussiéreux sur fond de mer éternelle, compacte et calme, couleur d'azur.

Le reptile à carapace tend son cou, et sa bouche sans dents s'ouvre sur quelques feuilles que déchiquète son bec aigu. Et maintenant il ingurgite lentement la nourriture végétale, les yeux fixes et sans objet. Aucun événement, rien à se mettre sous l'œil.

Rien.

Personne.

Que l'exténuation d'un paysage sans ombre en ce début d'après-midi.

La tortue mange encore. Puis elle ne mange plus. Son cou se rétracte, sa tête disparaît sous la masse inerte de sa cuirasse.

Rideau sur la scène solaire.

Trou noir.

Un voyage sans mémoire d'une heure ou deux.

Puis des voix.

II

CHAMPIONNE MENTALE

— Julie ?
— Giacomo ?
— Giacomo.
— Ça y est, on y arrive enfin.
— On a tout fait pour.
— Pas trop perturbé par le jetlag ?
— Non, je suis habitué. Et ta fille ?
— Elle est restée lire à la plage.
— Elle n'a pas d'amis ?
— Elle est l'amie des livres.
— Enfin je veux dire, elle n'a pas de vrais amis ?
— J'espère qu'elle va s'en faire, ce n'est pas facile d'avoir dix-sept ans.
— On marche ?
— Oui, on peut suivre le sentier vers la pointe, c'est une promenade splendide.
— Non, pas par là.
— Pas par là ?
— Par là plutôt, c'est plus prudent.

— Mais il n'y a personne, qu'est-ce que tu crains ?
— Rien, justement. Nous, peut-être.

D'emblée il m'a plu. Une manière de prendre les choses en main. Une façon de s'affirmer. Une force. Ma première impression était très favorable et je me trompe rarement : il n'était pas comme les autres. D'ailleurs, avec les autres, je n'avais jamais eu d'impression favorable. J'avais toujours accepté de poursuivre sur la base d'une mauvaise première impression. L'avenir m'avait à chaque fois donné tort. Giacomo était vêtu d'une casquette kaki assortie à un petit sac à dos et portait des rangers. Il était grand, dans les 1,90 mètre, musclé, les yeux noisette, clairs et tendres – le début de la trentaine et déjà au top, mes dix ans de plus ne poseraient pas de problème. Sa peau était bronzée et luisait d'ambre solaire. Il était rasé et exhalait une sensation de frais alors qu'il descendait tout juste du bateau, après un déplacement professionnel dans l'hémisphère Sud : il avait pris soin de se préparer pour notre première rencontre. Et ce parfum… Ce parfum dont j'étais incapable de retrouver le nom mais que j'avais connu un jour, sur une autre peau. Giacomo avait en lui quelque chose de méditerranéen, comme son prénom l'indiquait, mais en même temps il avait la carrure d'un homme du nord. S'il ne s'était appelé Giacomo, je ne l'aurais pas dit d'origine italienne, j'aurais parié… je ne sais pas sur quoi j'aurais parié. Ce mélange nord / sud me troublait. Ses muscles étaient bien dessinés, davantage encore que je ne l'avais vu en photo. Il n'avait pas menti sur son profil en m'envoyant les images trafiquées d'un individu au physique plus avantageux – ce type de mésaventure m'était déjà arrivé sur un site de rencontre mainstream au temps où je débutais : un mec qui avait des problèmes de santé, une greffe du foie.

Oui, d'emblée, Giacomo m'a plu.

— Tout le monde le dit au village, c'est l'été le plus chaud qu'ait connu Héliopolis depuis des années.

— J'aime le soleil, Julie.

— Moi aussi, mais ce mois d'août est sans pitié.

— Sept ans que je ne suis pas revenu, rien n'a changé. Je pourrais retrouver chaque endroit les yeux fermés.

— Moi, je découvre, et ça me plaît beaucoup.

— Dire qu'il y a encore quarante-huit heures j'étais en… Nouvelle-Calédonie.

— Je suis flattée que tu aies fait tout ce chemin pour moi.

Il a enlevé sa casquette et s'est passé une main sur le haut du front. Son regard a caressé le mien. Son silence voulait dire : Avec toi, c'est la vérité que je veux… Il avait les cheveux châtains coupés très court. Rien des cheveux noirs et drus des Italiens. Son côté européen du nord ressortait malgré sa peau mate, presque tannée. Le coiffeur l'avait bien allégé, une coupe de saison franche et directe, comme son tempérament, ou ce qu'il m'en avait dit par mails. Je m'en suis voulu après coup, mais j'ai baissé les yeux. Giacomo avait gagné la première manche.

Nous avons marché en silence. De temps en temps, l'homme avec qui j'avais rendez-vous se tournait vers moi et me souriait. Il voulait me mettre en confiance. C'était gagné. L'île était déserte. Rien que pour nous deux. Pour moi et Giacomo.

— Julie, je ne voudrais pas qu'il y ait de malentendu. Il me faut avancer pas à pas, il me faut… casser mon armure.

— Tu as une armure, Giacomo ?

— Qui n'en a pas, même sur Héliopolis ?

— C'est vrai, mais chez certains, elle se voit plus que chez d'autres.

— Et toi-même, Julie, as-tu une armure aujourd'hui ou l'as-tu… enlevée pour notre première rencontre ?

— Disons que j'ai une demi-armure.

— Tu te protèges à moitié de moi ?

— Non, du moins pas encore.

— Alors tombons l'armure tous les deux.

— Marché conclu.

Et ce regard qui courait sur ma peau.

Nous avons continué notre marche jusqu'à la pointe des Amants par le sentier qu'avait choisi Giacomo. De temps à autre je l'observais du coin de l'œil. Il me semblait encore plus musclé que lorsqu'il m'était apparu. J'étais surtout frappée par ses fesses et ses mollets. Comme s'il avait passé sa vie à marcher : un jeune ingénieur de l'Office national des forêts qui ne devait pas ménager sa peine.

En contrebas, des oiseaux étaient posés sur l'eau. Ils dormaient eux aussi, à l'ombre de la roche. Nous nous sommes arrêtés, avons contemplé l'horizon. Giacomo a ouvert son sac de randonnée et en a retiré une bouteille d'ISO-X *power drink blue*. J'ai eu un choc : la boisson de Paul Béranger… Dans la vie, il n'y a pas de hasard. Il m'a tendu la bouteille. L'espace d'un instant j'ai eu peur. J'avais vu ces reportages où des inconnus mettent de la drogue dans les boissons pour abuser de leur conquête. Mais la bouteille était neuve, il n'y avait aucune raison de s'inquiéter. Je l'ai portée à mes lèvres sans cesser de regarder Giacomo. La boisson bleue a inondé ma gorge de fraîcheur. Puis j'ai tendu la bouteille à mon bel inconnu, qui a posé ses lèvres là où je les avais moi-même posées. Il s'est désaltéré, lui aussi sans cesser de me dévisager. Il a rangé la bouteille, s'est tourné vers la mer.

— Parle-moi de toi, Julie.

LA POINTE DES AMANTS
TENUE NATURELLE OBLIGATOIRE

J'aimais peu parler de moi. Je n'ai jamais vraiment su. Ça m'avait déjà joué tellement de mauvais tours avec d'anciennes rencontres commencées sur la Toile et finies à l'hôtel. Je suis une scientifique, pas une littéraire. Je me suis développée au contact de gens modestes qui préféraient les jeux vidéos à la lecture de Paulo Coelho. Avec mes premiers petits copains, je ne parlais pas. Mais à quarante ans passés, après une vie de femme bien remplie, un job dévorant, un divorce et une adolescente à charge, il me fallait réapprendre les stratégies gagnantes de la séduction… Je partais donc avec un handicap mêlé au sentiment très excitant de commencer une deuxième vie. Si je m'en donnais les moyens bien sûr.

Ma qualité première, ce n'était pas de parler à tort et à travers mais d'agir. Je savais aussi d'expérience qu'il fallait se livrer avec modération. Ni trop en dire, ni pas assez, afin de prendre ses marques avec juste ce qu'il faut de fermeté et de mystère. J'ai tourné discrètement les yeux vers Giacomo : il était de profil, beau comme un dieu face à la mer, la visière de sa casquette dressée vers l'horizon. Des épaules puissantes, des hanches fines, un bronzage homogène, une longue cicatrice sur son flanc droit que je n'avais pas remarquée... Et ce parfum... ça m'est revenu : Kouros, d'Yves Saint Laurent, Kouros, le parfum des dieux, le nom des statues représentant les jeunes hommes nus chez les Grecs. François, le mari d'une amie avec lequel j'avais eu une brève et décevante liaison en 2012, le portait. C'était un vantard qui se faisait du fric dans une boîte de conseil spécialisée dans l'analyse de data et se moquait de mes activités pro-planète. Il m'avait plaquée après un week-end à Londres passé à faire l'amour. En soi je n'étais pas contre, mais j'aurais tout de même aimé voir la ville, surtout au printemps. Giacomo portait donc lui aussi Kouros... J'avais tellement voulu oublier François que je n'ai pas reconnu son parfum sur la peau d'un autre. En tout cas, entre les deux hommes, aucune comparaison. J'ai pensé très fort au livre de coaching mental lu dans la matinée afin de me préparer. Je voulais suivre les conseils de Paul Béranger pour aborder idéalement une rencontre sur laquelle je misais beaucoup. J'avais connu trop d'échecs, souvent à cause de prises de contact ratées – les premières secondes sont décisives. J'ai répété en silence la formule pour l'autovalorisation quotidienne, JE SUIS CAPABLE DE TOUT, JE SUIS CAPABLE DE TOUT, JE SUIS CAPABLE DE TOUT, et je me suis lancée.

— Te parler de moi ? Après trois semaines d'échanges sur Nostresscode.com au rythme de quinze ou vingt messages / jour, il était temps que je te voie en vrai. J'en crevais d'envie. Voilà, tu sais un truc de moi : je suis impatiente.

— Qu'est-ce qui t'a le plus séduite dans mon profil ?

— Ton sens des responsabilités. Ton ouverture d'esprit. Ta dimension internationale. Ta conscience des enjeux et des équilibres naturels de la planète. Et aussi tes photos.

— Merci Julie.

Je l'avais touché en plein cœur. Il ne disait plus rien. Giacomo faisait partie de ces hommes qui ont besoin qu'on les rassure. Je reprenais la main.

— J'ai également senti que tu étais un homme de décision.

— Tu crains les hommes de décision ?

— Non, j'adore ! Mais dans la vie les décisions doivent se prendre à deux, or dans ton métier tu dois trancher seul.

— Je ne mélange jamais vies professionnelle et privée.

— Tous les décideurs disent cela, mais dans les faits, il est difficile de faire la part des choses.

— J'entends comme un regret dans ta voix.

— C'est l'expérience. Et puis la volonté de ne plus commettre les mêmes erreurs.

— Quelles erreurs as-tu commises ?

— Faut-il tout dire ? On n'est pas là pour parler du passé.

— Dis-moi tout, Julie, aie confiance en moi comme en toi-même. J'ai besoin de te connaître.

J'ai pris mon temps pour répondre. Je jouais gros. Comme au début d'une partie de poker menteur. J'ai fait semblant d'hésiter. Je suis certaine qu'il a pris cela pour une marque de sincérité. Pour quelque chose que j'allais chercher loin au fond de moi. J'ai dit :

— Ma principale erreur ?… Avoir suivi les décisions d'un homme pour lui faire plaisir.

— Si tu les as suivies, c'est que tu le voulais bien. Mais aujourd'hui, tu sembles déterminée. Solide… psychologiquement.

— Tu connais la psychologie ?

— Pas plus qu'un autre… mais davantage que la plupart.

— Tu me penses solide ?

Lui aussi a pris son temps pour répondre. J'ai appréhendé son verdict. Je ne voulais pas qu'il me prenne pour une de ces quadra névrosées qui cherchent un mec à tout prix. Alors, il me trouvait solide ou pas ?

— Oui. Mais fragile encore. Il ne faudrait pas que tu tombes dans l'excès inverse en prenant systématiquement le contrepied de ton interlocuteur dès qu'il te propose quelque chose de constructif. Une relation fiable et durable, ça se fait à deux. C'est la première fois que tu rencontres un homme sur Nostresscode ?

— Oui.

J'avais bien le droit à un petit mensonge, la vérité ne m'a jamais réussi en amour. J'ai senti que ma réponse lui plaisait.

— Qu'est-ce qui t'a poussée à t'inscrire ?

— J'ai toujours trouvé pathétiques les sites de dating commerciaux comme Meetic ou First-sight.

— Moi… aussi.

— L'ouverture de Nostresscode a été une révélation. Enfin un site qui s'adressait directement à moi, à nous, dans le respect intégral de notre philosophie, tellement galvaudée ces dernières années, aussi bien par les faux adeptes de la vie naturelle que par les médias avides d'images à sensation.

— C'est vrai. Notre communauté a beaucoup souffert. Souvent… en silence.

— Ces sites qui font de l'amour un business ne correspondent pas à ma vision progressiste de la société. Ils sont contraires à mes valeurs.

— Aux miennes… également. J'avais d'ailleurs flashé sur tes valeurs en consultant ton profil : « respect, enthousiasme, sincérité ». Tu vois, je les ai apprises par cœur : « respect, enthousiasme, sincérité ».

Il avait appris mes valeurs par cœur ! C'était la première fois qu'un homme me manifestait une telle attention. Je crois qu'on était gênés tous les deux, et en même temps super proches.

— Giacomo… C'est vrai, j'aime la sincérité. Quand je vois qu'aujourd'hui il y a des sites qui vont jusqu'à prôner l'infidélité.

— Tu songes à Gleeden ?

— Oui, à Gleeden. Mais le pire, c'est Tinder. Tu connais ?

— Ah oui, Tinder. Ce site a beaucoup de… succès.

— Une amie voulait que je m'inscrive avec elle.

— Non non, tu as eu raison de ne pas le faire ! Tu aurais pu tomber sur un… pervers.

— Les femmes et les hommes y sont exhibés comme dans un catalogue.

— C'est de la consommation… humaine. Nous avons tellement plus à partager.

— Nostresscode est une magnifique initiative. C'est un sacré pied de nez à ces programmes de télé-réalité qui mettent en scène des rencontres exhibitionnistes pour un public de voyeurs. Les promoteurs de ce type d'émissions sont des salauds qui se servent de notre conception du corps et de la liberté pour gagner de l'argent. Ils ont volé ce que nous sommes.

— Nous et les nôtres, nous valons tellement mieux que cela. Julie, je peux te confier un secret ?

— Bien sûr.

— J'aime t'écouter. Et aussi… te regarder.

Je me suis sentie perdue. Submergée de bonheur et perdue. Je ne le saurai jamais mais je crois que je suis devenue rouge comme une tomate. Bronzée jusqu'au cou avec le visage écarlate. J'ai essayé de reprendre le dessus.

— Giacomo… Et toi, c'est la première fois que tu t'inscris sur un site de dating ?

— Non. Mais j'ai toujours été déçu par les rencontres sur les sites normaux, comme Romeoetjuliette.com.

— Ah, celui-là je ne l'ai jamais testé.

— Trop de belles paroles dans un premier temps. Et puis,

dans un second, quand éventuellement un échange a lieu, les masques tombent. On est alors déçu de voir qu'on s'est trompé, ou qu'on a été trompé.

— Tu as fréquenté beaucoup de sites ?

— Non… J'ai rapidement compris que cela ne me mènerait nulle part. Dans un truc sans lendemain. Tout simplement parce que je n'ai jamais rien pu partager avec des femmes qui elles-mêmes ne partagent pas ma vision du monde. Certaines ont même voulu parfois… profiter de moi.

— Profiter de toi ?

Je l'ai vu soudain troublé, et puis il s'est livré. D'un coup. En entier. C'est fort un homme qui se livre. Qui assume sa sensibilité. Ses failles.

— Oui, une en particulier. J'ai rapidement compris qu'elle voulait se servir de mon… réseau. Mais cette relation a été éphémère, j'ai préféré y mettre un terme.

— Tu as été blessé ?

— Trahi, plutôt. Mais du temps a passé. Le lancement de Nostresscode m'a redonné espoir. Et nous voilà tous les deux réunis, Julie.

— Nous avons eu le même désir.

— Oui, la même pulsion. J'espère que tu n'es pas déçue par ma… personne.

— Non, au contraire. Elle me semble encore plus riche que ton profil web.

— Merci. En tout cas, je tiens à te le dire, tu fais plus jeune que sur tes photos.

Je gardai mon calme mais j'étais sévèrement bougée. On était sous le charme l'un de l'autre, c'était évident.

— Si c'est pour me dire d'aussi gentilles choses, je n'y vois nul inconvénient. On continue notre promenade ?

— Avec plaisir. Ça te dirait de descendre jusqu'à la crique ? Je serais tellement heureux d'y retourner après toutes ces années.

— Mais je suis en tongs !

— Le chemin est un peu difficile mais à cœur vaillant rien d'impossible.

— Ne cherchons pas « pourquoi » mais découvrons « comment ».

— Tu dis ?

— Oui, d'accord, descendons à la crique.

— Après on pourra longer la côte jusqu'à la pinède. Je suis curieux de voir… l'évolution de la flore. Donne-moi la main, Julie.

ZOMBIE LOVE DANS TOKYO CITY

Il fait nuit sur Akihabara, le quartier des boutiques de produits électroniques et de mangas de Tokyo. Il pleut. Tomoaki marche seul dans une rue d'Electric Town. Les enseignes illuminent son visage et son imperméable cintré comme s'il était lui-même la somme de composants électroniques sous tension, voire un personnage de manga tout droit sorti de la librairie spécialisée Toranoana immédiatement à sa droite, sur six niveaux (peut-être un clin d'œil de la mangaka Atsuko Endô à son point de vente préféré). Tomoaki a les traits tirés et les mains dans les poches. Le col de son imper est relevé, ses cheveux dégouttent d'eau de pluie radioactive. Il ignore la sollicitation d'un barmaid sous un parapluie qui lui tend un prospectus publicitaire pour un *maid café* du quartier (lui, ou elle, la garçonne de café sous la pluie : sandales blanches à semelles compensées, bas blancs remontés à mi-cuisses, tenue de domestique rétro de style français, avec jupon et tablier noirs, collerette de dentelle blanche, serre-tête oreilles de chat sur de longs poils angora coiffés en bataille).

Tomoaki continue de zoner après des heures de lutte

informatique menée seul dans son bureau du contre-espionnage. Nous le retrouvons dans la case suivante le visage relevé, absolument distinct de la population de la rue distribuée sur un plan vertical, comme si celle-ci fondait sur lui, prête à l'engloutir – des dizaines de couples sous des parapluies longeant les buildings couverts d'écrans publicitaires. À chaque fois ce sont les mêmes regards, les mêmes yeux étincelants du *seme*, le mâle dominant, et les mêmes yeux fantomatiques du *uke*, l'aimé reconquis. Le virus BLH a complètement ravagé la capitale nippone, devenue épicentre de l'épidémie ressuscitant les amours mortes.

Plus bas, dans une case panoramique, les dominés apparaissent simultanément penchés sur la montre numérique à connexion intégrale fixée à leur poignet, en une sorte de ballet mécanique où les protagonistes se sustenteraient, tous au même moment, de la même information vitale. Comme si l'autisme des *otaku* du quartier, ces jeunes gens perdus dans la consommation compulsive, obsessionnelle, solitaire, fœtale, morbide et finalement sans fin de mangas, de vidéos, de jeux ou de figurines de super-héros, avait été remplacé par le fétichisme du bracelet-montre de la nouvelle Sony Watch ou d'autres modèles à prix discount disponibles dans les échoppes de Akihabara.

Tomoaki cible un couple, s'avance, hésite, se décide à demander au dominé (joues creuses, lèvres blanches, yeux blancs, longs cheveux noirs peignés jusqu'au bas des reins), avec un courage inversement proportionnel à la banalité de sa question, comme s'il parlait à un mort-vivant : « Quelle heure est-il s'il vous plaît ? » Le jeune homme au visage possédé ne répond pas et se tourne vers son maître qui prend à partie l'importun : « Occupe-toi de tes affaires ! » Le hacker se détache du couple et se lance dans une nouvelle tentative, cette fois auprès de deux jeunes hommes qui ne daignent même pas lui répondre. Tomoaki change de stratégie. Plus loin il agrippe l'avant-bras d'un *uke* choisi au hasard (joues creuses, lèvres noires, yeux noirs, longs cheveux blancs peignés jusqu'au bas des reins). Son regard se fige sur le terminal relationnel où il découvre non pas l'heure mais un message tremblant de pluie : « Tu m'as toujours aimé et tu m'aimeras toujours. » Pris de terreur, Tomoaki lâche le poignet de l'inconnu et fuit dans la nuit.

Pendant ce temps, Manjiro lave le dos de Kinji avec un gant en crin de poney des Shetland dans la somptueuse salle d'eau de sa demeure ultrasecrète (peut-être un manoir au gothisme néoclassique, la confortable réplique d'un *manor* anglo-saxon, ou un palais shintoïste à l'acquisition frauduleuse, ou encore un bunker antiatomique enfoui à cent mètres sous terre), dont nul ne sait encore si elle, l'idéale demeure de Manjiro, se trouve en banlieue de Tokyo ou sur une île déserte balayée par les vents de l'archipel nippon.

Kinji est allongé sur le ventre, sur le rebord d'une vaste baignoire coquillage, tandis que son doux tortionnaire délasse sa peau du stress de la détention. « Je suis content que nous nous soyons retrouvés », dit Manjiro d'un air faux. Kinji ne répond pas. Ses bras sont effondrés, ses mains paraissent molles, comme chues.

Il continue de pleuvoir sur Tokyo. Tomoaki pleure. Le fleuve en contrebas accueille ses larmes alors qu'il fait défiler sur son téléphone portable les photos de lui et de Kinji, en couple, au temps de leur bonheur. La nuit tokyoïte, peuplée de buildings partiellement illuminés, est noire et blanche, et plutôt noire que blanche. Une ombre s'approche dans le dos du hacker. Une main se lève à la hauteur de sa nuque, prête à frapper. Non, elle se pose sur son épaule, prête à aider. La tête de l'informateur se penche à l'oreille de Tomoaki et dit : « C'est à San Francisco que tu sauveras l'Amour, va voir Akihiro, et surtout pas de mail. »

Les yeux du hacker, illuminés par l'espoir, sont à présent braqués sur la jeune lectrice qui le dévisage, allongée sur un transat du Sun Beach Club, à des milliers de kilomètres de là ; et le soleil hurle sur Héliopolis, et la peau de Neko, quoique protégée par un parasol, transpire. De fines rigoles d'eau salée se forment sur son dos inerte et osseux jusqu'à la naissance de ses fesses où la sueur disparaît dans un sillon sombre, et la lectrice solitaire semble heureuse, les coudes appuyés sur le tissu du transat, les bras pliés en équerre, les ongles émaillant la couverture du yaoi de leur brillance mandarine. Les traits de son visage sont souples, apaisés, parsemés aux jointures du nez, sous les lunettes de soleil, de gouttelettes de sueur qui glissent lentement sur les joues et le menton couverts d'acné, sans que le moindre effort ne soit produit par les mains pour tenter de les chasser. Comme si la gêne corporelle était une donnée négligeable pour la lectrice ;

comme si sa vie présente était ailleurs, sous la pluie nippone, avec Tomoaki, loin de l'île et de ses scories infrasensorielles – voix des vacanciers, déplacements des pieds sur le sable bouillant, sons parasites.

Vinyasa

– ASHTANGA-Yoga

forme traditionnelle de yoga dynamique

& Apprendre à synchroniser respiration et mouvement pr calmer l'esprit

Apprendre à calmer l'esprit ~~en~~ avec le souffle et

« Libérer votre esprit par le mouvement et la respiration. »

cours et collectif.

lauren-dulac@neuf.fr
06.62.04.25.75

ACCÈS INTERDIT
RISQUE D'ÉBOULEMENTS

— Fais attention de ne pas te tordre les pieds avec tes tongs. La pente est sévère, il suffit de descendre en espalier, à ton rythme. Voilà, comme ça. Le danger, ce ne sont pas les éboulements mais les serpents qui se cachent entre les pierres.

— Et si jamais je me fais mordre ?

— À l'ancienne, je sucerai ta plaie et recracherai le venin.

— Tu sais faire ça ?

— Quand la situation l'exige. Allez, encore un effort. Et bientôt, tout en bas, cette crique à l'eau cristalline, rien que pour toi… et moi.

Je regardais les rangers de Giacomo : il aurait pu aller à l'autre bout du globe avec, comme un mercenaire de l'amour. Je n'avais pas prévu d'entamer une descente de falaise. Je sentais la dureté des cailloux sous mes tongs et regrettais d'avoir mis du vernis turquoise – avec la poussière il avait disparu. J'avançais péniblement, mais que j'étais bien, ma main dans celle de mon nouveau guide.

— Giacomo, dans ton profil, tu as mentionné que ton origine ethnique était européenne et précisé « *made in Italia* ». De quelle région d'Italie ? Je suis allée plusieurs fois là-bas en vacances, j'aime beaucoup l'Italie et les Italiens.

— Où es-tu allée ?

— Venise, Rome, Florence, et Procida, une petite île en face de Naples.

— Non non, moi c'est… Syracuse, Sicile.

— Tu es sicilien ?!

— Ça te dérange ?

— Au contraire, les Siciliens ont du tempérament.

— Ils savent apprécier la beauté des femmes.

— Giacomo…

— Syracuse est une ville merveilleuse, avec un site archéologique et… la mer. Une mer bleue, comme ici, plus bleue encore je pense.

— *J'ai-me-rais tant voir Sy-ra-cuse…*

— C'est le… le Saint-Tropez de la Sicile, avec beaucoup de villas magnifiques et des palais extraordinaires.

— Pourquoi ta famille a-t-elle émigré en France ?

— C'est une longue histoire.

— Pour le travail ? Beaucoup d'Italiens sont venus en France pour travailler dans les mines ou le bâtiment, ou même pour ouvrir des pizzerias.

— Des pizzerias ? Pas tous quand même !

— Je ne voulais pas te vexer Giacomo.

— Mais pas du tout ! Mon grand-père était… juge. Il a passé sa vie à lutter contre la mafia. Il a longtemps été menacé de mort. Sa femme venait de Palerme et malheureusement un jour…

— Un jour?

— Boum.

— Désolée.

— Cet assassinat a traumatisé ma famille.

— Vous avez dû quitter Syracuse?

— Non non, je n'y allais qu'en vacances. J'ai grandi… en Suède.

— En Suède?

— Mon père a rencontré ma mère, totalement française, à Stockholm, lors d'un programme inter-universités. Ils étaient étudiants dans une école d'architecture. Ils sont devenus… architectes. J'ai la nationalité italienne, française, et suédoise.

— De là ton côté à la fois latin et scandinave!

— Oui.

— La Suède…

— J'ai grandi dans une maison en bois que mes parents ont eux-mêmes dessinée. Près d'un lac, au milieu d'une… forêt.

— De là ton amour des forêts!

— Oui.

Il a serré ma main très fort. Nous approchions de la crique, une parenthèse de sable blanc devant la Méditerranée.

— À l'inverse de toi, je viens d'un milieu modeste. Des ouvriers du textile de Pontcharra-sur-Turdine, près de

Lyon. Mon père a commencé à travailler à seize ans comme magasinier dans une petite entreprise locale. Puis il s'est installé à Tarare, le chef-lieu de canton. Tu connais Tarare ?

— Non. Mais dans Tarare, il y a « rare ». Comme toi, Julie.

— Giacomo… C'est la capitale française de la mousseline et du rideau. Papa était contremaître chez Tiss'éponge, une usine de tissu éponge dont la main-d'œuvre était en majorité féminine.

— À l'époque, il n'y avait pas Nostresscode.com !

— Ne te moque pas de la classe ouvrière.

— Je n'oserais pas. Mon grand-père est mort… pour elle.

— Ma mère est également issue du monde ouvrier. Ses deux parents étaient employés dans une usine de mousseline de la commune. Tu vois, rien à voir avec la magistrature et le terrorisme.

— Tout cela n'a aucune espèce d'importance, je te rencontre toi, pas ton milieu. J'isole toujours… ce qui me plaît. Mais parle-moi plus de ta maman, j'aime entendre parler des mamans.

Maman ? Il voulait déjà que je lui parle de maman ! J'ai cru fondre. En même temps, je me méfiais. Peut-être n'avait-il lui-même plus de mère, ou en avait-il manqué. J'ai senti quelque chose de douloureux de ce côté-là et n'ai pas voulu lui demander si ses parents étaient encore en vie. Mais peut-être voulait-il simplement savoir comment était ma mère pour mieux me connaître. Ne dit-on pas « telle mère telle fille » ? En tout cas, moi, je ne me sentais pas prête à faire un deuxième enfant, même si on décidait de faire un bout de route ensemble. Du moins pas tout de suite.

— Maman était super bosseuse. Elle a commencé sa carrière comme technicienne à la société BAT, Blanchiment et Apprêts de la Turdine, à Tarare, une entreprise spécialisée dans la teinture textile qui s'est lancée dans la production du Taraflex à la fin des années 1970.

— Le Taraflex ? On dirait une marque de préservatifs.

— Giacomo ! Non, le Taraflex est un revêtement plastifié de haute technologie pour tous types de sols, notamment les surfaces sportives des grandes compétitions internationales indoor. Après le rachat de la société par Gerflor, le numéro 1 mondial des sols souples, ma mère est devenue chef d'équipe.

— J'aime cette histoire. Ce parcours. Ce profil. Ta maman avait le goût de l'effort. Comme toi.

— LA VIE MENTALE DOIT ÊTRE INTENSE ET CIBLÉE POUR BRILLER DANS LA CONSTELLATION SOCIALE.

— Comment ?

— Comment quoi ?

— Euh… Comment s'appelle ta mère ?

— Sylvie. Elle a rencontré mon père Joseph en 1972 lors de la traditionnelle fête des Mousselines, qui célèbre l'histoire du textile à Tarare. Ils se sont mariés l'année suivante. Je suis née de leur amour en 1976, après mes sœurs Christine et Isabelle.

— Je savais que tu étais née en 1976, mais pas dans ce… contexte.

Nous nous sommes assis sur le sable, à l'ombre de la falaise. Giacomo a enlevé ses rangers et les a placées près de lui, debout, serrées l'une contre l'autre. Ses ongles étaient nets, soignés. Pas une goutte de sueur sur ses pieds ! Il a ôté sa casquette, nous nous sommes allongés. Sans que je m'y attende, il s'est mis à caresser mes cheveux puis a placé sa tête au creux de mon cou, comme un enfant.

— Et quand as-tu découvert notre… philosophie de vie ?

— Mes premiers souvenirs de la vie naturelle remontent à mon adolescence. Nous la pratiquions en famille sur des sites autorisés de la région Rhône-Alpes. Mon père motivait ses troupes pour prendre l'air le dimanche et nous y avons pris goût.

— Et aussi pendant les… vacances ?

— Oui, l'été, nous menions une vie naturelle en famille dans un camping du Pays basque. J'y rencontrais des jeunes de mon âge. Bains, discothèque, premières amours : de super souvenirs !

— Ce fut là ta… première fois ?

— Tu n'as pas à le savoir.

— Allez, dis…

— Tu ne veux pas non plus la date et l'heure ?

— Ben si tu le proposes.

— Non non, tu n'as pas à connaître cela. Plus tard peut-être.

J'aimais le silence de cette crique. Tout était si fluide entre lui et moi. Si évident. Je me sentais bien. En sécurité. Sa main s'est soudain posée sur mon ventre. Je n'ai eu aucune envie de l'enlever.

— Tu es allée à l'école à… Tarare ?
— Oui. Au collège Marie-Laurencin, puis au lycée René-Cassin.
— Je ne connais pas.
— Giacomo, si tu ne connais pas Tarare, tu ne peux pas connaître sa cité scolaire ! J'étais douée en maths. J'ai eu mon bac scientifique avec la mention très bien. J'ai fait maths sup et maths spé au lycée du Parc de Lyon, avant de réussir Centrale en 2006. J'étais bien classée à la sortie. Et toi Giacomo, tu étais bien classé à la sortie de l'Engref?
— La Grèce ?
— C'est bien l'Engref, l'École nationale du génie rural des eaux et des forêts, qui forme les ingénieurs ONF, non ?
— Euh, oui oui, les Eaux et Forêts. J'ai fini… troisième.
— Comme moi ! J'ai rapidement été approchée par un chasseur de têtes pour le compte de la société italienne Enel Erelis, l'un des leaders de la production d'énergie verte en Europe, dont le siège est basé à Lyon. J'y occupais la fonction d'ingénieure en énergies renouvelables, en charge de la collecte de données sur la topographie et les gisements de vent dans la région Rhône-Alpes. Un bon premier job.
— En somme tu vendais du vent.
— Oui, du vent vert.

— Ah ah !
— Ah ah ah !

Nous sommes partis dans un rire complice. Puis ce furent un bain de silence et son souffle sur ma peau. Au fond de moi, j'attendais de nouveau le son de sa voix. J'aimais les questions de Giacomo. Leur simplicité, leur spontanéité. Leur franchise.

— Et parallèlement à ta vie professionnelle, tu as continué à mener une vie… naturelle ?

— Effectivement, jusqu'à aujourd'hui, j'ai toujours eu une pratique assidue de la vie naturelle, en couple ou entre amis.

— Et… quel type d'endroits préfères-tu pour vivre naturellement ?

— Je privilégie toujours les plages sélectives, parfois difficiles d'accès, à celles beaucoup trop touristiques où sévissent les détraqués, comme dans l'Hérault.

— J'ai également toujours évité ce… euh… ce type de plages.

— Mais aujourd'hui, la bonne nouvelle, c'est que j'ai découvert Héliopolis. Ce site me plaît vraiment beaucoup. Pourquoi ne pas opter un jour pour la vie insulaire ? Je dis ça mais je sais que ce n'est qu'un rêve : impossible pour moi de scolariser ma fille ici et d'arrêter de travailler.

— Idem pour moi. Le travail en forêt, c'est comme une… drogue. Une drogue verte.

— Ah ah !

— Ah ah ah !

— Tu ne t'arrêtes jamais, vraiment ?

— Non… C'est comme la marche.

— Et puis j'ai été récemment chassée par la branche énergie verte de GDF / Suez. J'émarge désormais à cent cinquante kilo-euros annuels.

— Je ne t'ai pas demandé combien tu gagnais.

— Je n'en ai pas honte. Mon expertise se déploie de plus en plus pour des projets extra-européens d'installation d'éoliennes inshore et offshore. Je suis ce qu'on appelle un bon parti. C'EST LE RÉSULTAT DE MA VOLONTÉ DE RÉUSSIR. Désormais, avec les hommes, JE SAIS CE QUE JE VEUX ET VAUX, COMME UNE SPORTIVE DE HAUT NIVEAU.

— C'est une bonne chose, une… très bonne chose.

Ses doigts ont soudain glissé sur ma peau, sont remontés sous ma poitrine, que Giacomo a respectée. Puis son index est redescendu lentement jusqu'à mon nombril. Il l'a effleuré doucement, puis a dessiné des cercles tout autour.

— Julie, à quoi tu penses ?

— À ma maison de Rueil que j'ai réussi à sauver du divorce en rachetant sa part à mon ancien mari. J'ai aussi investi un peu d'argent dans la rénovation de la petite maison de mes grands-parents paternels à Pontcharra-sur-Turdine. C'est là que je me ressource un week-end sur deux et aime à profiter du soleil dans le jardin clos. Tu viendras, je l'espère.

— Avec… plaisir.

Je sentais ma peau s'épanouir au passage de ses doigts. J'étais si loin des trois semaines passées à distance sur Nostresscode.com où, si ses messages et ses photos m'avaient plu, avait cependant manqué l'essentiel : sa voix. Je n'éprouvais pas encore de désir physique pour Giacomo : nous étions seulement une femme et un homme qui venions de faire connaissance, deux adeptes de la vie naturelle enlacés sur une crique déserte d'Héliopolis.

— Je viendrai dès que tu me le demanderas.

— C'EST L'IDÉAL POUR PASSER UN BON WEEK-END MENTAL.

— Un week-end men… mental ?

— LE MENTAL EST LE SOCLE DE NOTRE PUISSANCE INDIVIDUELLE.

— Je l'ai toujours… pensé.

— D'autant plus que cette maison est la seule chose qui, à terme, restera de ma famille. Mes parents ont divorcé l'année dernière. J'en suis triste, même si je comprends qu'on puisse se séparer après cinquante ans de vie commune.

— De fosse commune.

— Tu dis ?

— Euh, oui, c'est dur.

— À cette occasion, on a fait une dernière sortie naturelle en famille sur les berges de la Saône, mais le cœur n'y était pas.

Il a levé la tête, m'a regardée droit dans les yeux. Son visage est devenu sérieux.

— Julie, penses-tu être vraiment sortie de ton divorce ?

— Oui, ça y est, je sais que ça y est.

— Tu te sens… libre ?

— Je suis prête à rencontrer quelqu'un. Nous sommes là pour ça, non ?

— Oui, nous sommes là… pour ça. Pas pour autre chose.

— Ce qui compte ce n'est pas la ligne de départ mais celle d'arrivée.

— Tu as absolument raison. Tu es sûre que ta fille ne t'attend pas ?

— Non non, elle lit, je lui ai dit que je rentrais en fin d'après-midi, on a le temps de se découvrir.

Et puis c'est venu d'un coup, j'ai eu le désir de Giacomo. Mais j'ai hésité à provoquer le sort et à aller plus loin, tout de suite. Mon mental a repris le dessus. J'ai dit : « Allons nous baigner. »

Nous entrons dans l'eau, aussi chaude que l'air. Nous nous tenons par la main. Seuls nos pieds sont immergés. Une sensation de douceur monte le long de mes jambes.

Je tourne les yeux vers le rivage et j'aperçois nos vêtements : mes tongs, les rangers et la casquette de Giacomo. Son petit sac à dos.

Giacomo plonge ses mains dans l'eau et mouille sa nuque. Les gouttelettes brillent sur sa peau. Je l'imite.

En plein soleil Giacomo n'a pas d'ombre.

Giacomo s'enfonce dans la mer à mi-cuisses. Je le suis et le contemple. Il manque désormais un tiers de son corps mais j'aperçois l'essentiel : ses cuisses, ses abdominaux, son torse. Il plonge de nouveau ses mains dans l'eau et m'en jette sur la poitrine. Nous rions.

Giacomo mouille cette fois son cou et son torse en me regardant. Il est très différent de la majorité des adeptes masculins de la vie naturelle, qui sont de plus en plus souvent épilés. Un nuage de poils noirs trempés se forme sous ses pectoraux, durs comme mon mental.

C'est à mon tour d'oser lui jeter de l'eau. J'en projette à deux mains sur son visage et sur son torse. Il se laisse faire sans se venger. Je pensais pourtant qu'il me punirait. J'apprécie sa clémence.

Giacomo me regarde. À quoi pense-t-il ? Il est beau et musclé comme un kouros. Il n'a pas de graisse. Je me dis que j'en ai un peu mais que je n'ai pas à faire de complexe.

Notre petite différence d'âge ne sera pas un problème.

Je me mouille le dos et passe de l'eau dans mes cheveux. J'ai l'impression que Giacomo me regarde encore plus fort.

Giacomo disparaît sous l'eau. Au bout de trente secondes, je suis inquiète. Où est-il ? Je regarde le rivage, personne. À droite et à gauche, personne, derrière moi, personne…

Giacomo ?

Je suis seule au monde. Seule sur une île déserte sous le ciel désert face à une falaise silencieuse. Je pense soudain à ma fille en train de lire. Puis à cet homme, presque un jeune homme encore.

Giacomo ?

Des mains se posent tout à coup sur mes épaules. Je me retourne. Il me sourit. Je l'enlace, il me fait chavirer dans l'eau serrée contre lui.

Nous nous relevons. Giacomo se met à nager le crawl, très lentement. Sa tête est tantôt sous l'eau tantôt tournée vers moi. Je suis impressionnée par la taille de ses épaules. Si tous les cadres sup pouvaient être comme ça.

Je le rejoins. Je m'applique à nager une brasse parfaite car je sais qu'il m'observe. Je me sens fluide. Femme.

Giacomo nage dans un rayon de soleil.

Nous nous arrêtons. J'ai face à moi la moitié de Giacomo, son buste et sa tête. Sa force. La longue cicatrice sur son flanc, dont je n'ose lui demander l'origine.

Il me prend dans ses bras et m'entraîne de nouveau dans sa chute.

Nous sommes sous l'eau. Nous nous sourions.

Nous jouons à rester le plus longtemps possible immergés. Un banc d'hippocampes parade près de nous. Je cède la première, remonte. Je respire fort, mes yeux piquent.

Nous nageons quelques mètres. Je suis bien, épanouie. *Open.*

Nous avons toujours pied. Seule la tête de Giacomo est hors de l'eau. Je le dévisage. J'ai l'impression que mon regard est nu.

À quoi pense Giacomo ? Je ne veux pas tricher avec lui. Je ne veux pas qu'il triche avec moi. S'il faut me transformer en panthère, je le ferai. Je suis capable de griffer, même dans l'eau.

Giacomo plonge. Je devine qu'il se plie en deux et soudain je vois apparaître ses pieds qui s'immobilisent et me font face. Il reste ainsi une vingtaine de secondes à faire le poirier. Ses pieds sont magnifiques, réguliers, de forme rectangulaire, sans dépassement de l'orteil, de type égyptien comme m'a appris à les reconnaître un dossier dans le magazine *Votre Santé*. Quelque chose me trouble cependant : Giacomo a six doigts de pied. Je recompte : non, il en a cinq. Mais même s'il en avait eu six, je l'aurais accepté tel qu'il est.

Par acquit de conscience, je dénombre une dernière fois les doigts de pied de Giacomo : un, deux, trois, quatre, cinq… six. Giacomo a bien six doigts de pied.

Combien de temps va-t-il tenir dans cette position ? Il a un tempérament d'enfant. Moi aussi, j'aime jouer.

Giacomo refait surface. Pas même essoufflé.

Ses yeux dans les miens : me revient cette impression que les traits de Giacomo sont bien ceux d'un Sicilien de Suède, avec un visage carré, des pommettes et des mâchoires saillantes, et une peau super mate.

Giacomo : j'ai les bras tendus et les mains autour de son cou. Il a la même attitude que moi, mélange d'attirance et de respect. Puis il se dégage et plonge en arrière, souple et puissant. Il a de nouveau disparu. Cela dure longtemps, trop. Je sens un mouvement d'eau sous moi, comme un courant : Giacomo est passé entre mes jambes. Je me retourne. Il me fait un clin d'œil.

Il replonge et cette fois je sens sa nuque sous mon sexe et je me vois sortir progressivement de l'eau sur ses épaules, comme un trophée. Je suis au top.

Giacomo bascule en avant, je disparais sous l'eau avec lui. Il est Poséidon et moi sa créature. J'aperçois soudain ses yeux ouverts braqués sur moi. On dirait un poisson amoureux. Ses lèvres remuent. J'ai l'impression qu'il dit : « Julie. »

Nous remontons à la surface. Nous nous serrons très fort. Je suis une femme et je sais ce que c'est qu'un homme. Quand bien même les adeptes masculins de la vie naturelle ne manifestent jamais leurs ardeurs en public, il me faut en convenir : Giacomo est en érection. Je lui plais donc.

Nous nageons, moi la brasse lui le crawl, en direction du soleil. J'ai toujours été une bonne nageuse. Nous continuons vers le large, à chaque fois plus proches de la ligne d'horizon, à chaque fois plus loin de la terre ferme.

J'en ai assez de la brasse, je nage sur le dos. Giacomo m'imite. J'aime qu'il m'imite.

Et si j'étais cruelle et dangereuse ? Et si je le noyais en l'entraînant au large et en le laissant s'épuiser au milieu de la mer ? Et s'il était cruel et dangereux ? Et s'il me noyait en profitant de sa force physique et en appuyant très fort sur ma tête ? J'ai confiance en Giacomo.

Nous nous arrêtons, faisons du surplace. Nous sommes loin du rivage. Je ne distingue plus nos vêtements. Quelque chose a changé dans la lumière. Comme si nous étions entrés dans la deuxième moitié du jour.

Des oiseaux blancs nous survolent. L'un d'entre eux se pose près de nous, et flotte. Nous flottons nous aussi.

Je sens une pointe de déception sur le beau visage de Giacomo, peut-être d'origine sensuelle. Il attendait plus, plus vite. Je suis tout à coup aussi malheureuse que lui.

J'étreins mon beau nageur, blottis ma tête contre la sienne. Je sens qu'il aimerait m'embrasser, et d'ailleurs il m'embrasse dans le cou, insiste. Je caresse ses cheveux ras, ses lèvres glissent sur ma peau. Il est temps de se montrer plus intime. Je dis : « Sortons, j'aimerais que tu me fasses visiter l'île. »

Nous nous sommes rhabillés puis nous avons marché. J'étais détendue, confiante. Des traces de sel couraient sur le corps de Giacomo, comme s'il était couvert de cicatrices blanches que j'aurais aimé lécher doucement. Mais j'avais le temps pour cela, je voulais contrôler les choses. Moi aussi j'étais couverte de sel. Nous avons longé la crique en suivant le soleil qui commençait à descendre, dos à la plage où j'avais laissé ma fille. Neko était grande à présent, j'étais heureuse de la voir se développer, devenir femme, avec un corps de femme et des passions qui ne la quitteraient jamais, comme la lecture. Dans deux heures tout au plus je serais de nouveau à ses côtés et lui présenterais Giacomo. Depuis mon divorce, je n'avais jamais osé lui présenter qui que ce soit. Je ne voulais pas la perturber avec des histoires à l'issue incertaine. J'en avais eu quelques-unes mais aucune ne m'avait incitée à poursuivre. Mais là, avec Giacomo, quelque chose s'était passé, l'étincelle du désir s'était propagée sur et sous ma peau. Les choses pouvaient assurément prendre un tour nouveau. Il était libre, sans enfant, et me savoir avec une adolescente à charge ne lui posait visiblement pas de problème, du moins son silence sur ce qui aurait pu être un épineux sujet de discorde m'invitait à le penser : oui, Giacomo pourrait aimer Neko, peut-être pas comme son père biologique ou comme un homme qui se serait occupé de son éducation depuis son plus jeune âge, mais comme quelqu'un d'attentif, comme une personne responsable, soucieuse du bien-être de la fille de sa nouvelle compagne. Neko serait-elle heureuse de rencontrer Giacomo ? J'en étais persuadée, persuadée qu'elle serait sensible à la belle surprise que je lui réservais, fière de voir sa mère en situation de reprendre son destin en main après s'être fait piétiner par le père de son enfant. J'étais certaine qu'à terme Neko ne serait pas un obstacle à ma quête du bonheur avec un homme. Elle était trop intelligente pour cela. Trop indépendante, surtout. Je pense qu'elle était encore vierge. Les jeunes Françaises ont leur premier rapport autour de dix-sept ans, je l'avais appris dans une brochure sur la contraception dans le cabinet de mon médecin traitant, mais pas Neko, elle me l'aurait fait comprendre. Moi-même j'avais eu le mien à vingt et un ans, sur une plage naturelle des Saintes-Maries-de-la-Mer, avec un gardian prénommé Rudy, non pas dans un camping du Pays basque comme pouvait le penser Giacomo après les quelques informations que je lui avais données sur ma vie de famille. Concernant Neko, je ne me serais jamais permis de le lui demander. C'était son jardin secret. Il y avait quelque chose d'encore enfantin chez elle, un côté fleur bleue, la sexualité n'était pas sa préoccupation première, elle avait le temps pour cela. Ce soir il ne faudrait pas brusquer les événements. Je dînerais avec Giacomo sans la forcer à nous suivre au restaurant. L'été, comme dans tous les endroits touristiques du monde, il y a des animations pour les jeunes. Ce serait l'occasion pour elle de se faire des amis, si ce n'était déjà fait en mon absence.

Neko m'avait donné l'impression d'avoir surmonté la période du divorce au plus fort de la crise, il y a deux ans. Mais depuis, ses résultats scolaires en dents de scie, malgré ses bonnes notes au bac de français, me laissaient dubitative. Elle n'avait pas tout à fait digéré la rupture et ne voulait pas m'en parler. Moi non plus je ne voulais pas lui en parler. Son père avait trop d'influence sur elle. Je lui en tenais rigueur. Même séparée de lui, il continuait de me polluer la vie. Je trouvais ses gardes trop longues, surtout en période de vacances. Rémy était un bio-intello qui dirigeait une société internationale de conseil en ONG et qui m'en voulait à mort de l'avoir mis sur la paille après notre séparation. Mais qu'avait-il cru ? Que je me serais laissé faire au tribunal ? J'avais pris les services de la meilleure avocate de Rueil-Malmaison. Elle l'avait attaqué là où c'est le plus douloureux : au porte-monnaie. Au-delà de la faute pour adultère, il n'avait pas supporté que je bénéficie d'une pension supplémentaire pour perte de train de vie en relation avec ses revenus à lui, ce qui lui coûtait trois mille cinq cents euros par mois. Au début, il ne voulait pas les payer, puis un avertissement sur les réseaux sociaux a rapidement fait rentrer les choses dans l'ordre. Pour qui se prenait-il ? Pour quelqu'un au-dessus des lois en raison de ses services à la limite de la légalité pour de généreuses ONG antisystème ? Mon avocate était chère, avec des honoraires de vingt pour cent sur mes gains, mais super efficace. Elle était d'ailleurs réputée pour ça, toutes les cadres sup de Rueil un peu informées faisaient appel à ses services pour ruiner leur ancien époux. Une féministe elle-même divorcée deux fois qui se faisait un malin plaisir de démonter la défense des maris instables… Elle s'était payé Rémy à ma place, je ne la remercierais jamais assez. Si elle avait pu le bousiller psychologiquement, j'aurais cependant été plus tranquille.

Les week-ends où il avait Neko, Rémy me dénigrait systématiquement auprès d'elle. Je la retrouvais sombre le lundi matin. Elle venait de passer deux jours entre un papa qui manquait de fair-play – c'était tout de même lui le fautif, lui qui m'avait trahie et que le tribunal avait sanctionné – et sa nouvelle conquête, une femme de quinze ans son aînée que Neko aurait pu prendre pour sa grand-mère. Comment aurais-je pu me douter de ce qui se tramait dans mon dos ? J'aurais pu imaginer une bimbo à gros seins, une stagiaire prête à tout pour réussir avec un homme plus âgé possédant un certain pouvoir et des relations de premier plan, mais ça, une vieille peau de presque soixante ans, impossible ! Quel sort avait-elle pu lui jeter ? Une nuit Rémy m'avait demandé de le sodomiser avec un sextoy en cristal. « Comme Sade en prison », s'était-il justifié, « comme Sade en prison, il est temps que ça change entre nous. » Il m'avait remis une mallette avec une collection de godemichets Baccarat qu'il avait appelés ses « prestiges » en me défiant du regard. Je sais avec le recul qu'il m'a longtemps reproché de ne pas avoir cédé à son fantasme. Mais était-ce ma faute ? Pourquoi aurais-je sodomisé mon époux ?

J'ai mené mon enquête. Un samedi soir où il avait prétexté aller voir un match du PSG avec deux copains, je l'ai coincé en cachant dans son baise-en-ville une clé USB à fonction de micro espion : je n'ai pas été déçue. J'ai su dès le lendemain matin que ce salaud avait passé du bon temps avec sa maîtresse dans une chambre thématique du Love Hôtel de la rue Saint-Denis. J'ai écouté leurs ébats au petit-déjeuner avec la clé branchée sur mon ordinateur portable et un casque sur les oreilles. J'entendais ses insultes à elle pleuvoir sur lui et lui qui la suppliait de lui introduire des « prestiges encore plus prestigieux ». Je sais, c'est vache de l'avoir espionné, mais je peux me montrer terrible quand on s'en prend à mes intérêts sentimentaux. D'autant plus que la vérité de cette passion sexuelle, je l'ai prise en pleine figure. Je n'ai jamais apporté cette preuve au tribunal, ça aurait pu se retourner contre moi, ce type d'écoute est en effet illégal. Du coup, je suis montée en gamme : détective privé, filature, photos, web-investigations, huissier, constat d'adultère aux aurores chez sa maîtresse le jour de mon anniversaire – alors que Rémy avait soi-disant une signature de contrat la veille chez un client à Rome et m'avait promis de rentrer vers 13 heures pour le déjeuner en atterrissant à Orly à 11… Le jour de mes trente-sept ans ! Aujourd'hui, le mal est fait. Je dois accepter l'idée que l'homme avec qui j'ai passé presque la moitié de ma vie est parti avec une vieille peau parce que celle-ci était prête à céder à ses fantasmes dégueulasses. J'avais fait un enfant avec un pauvre type. Cet enfant, il fallait que je le protège.

Mais à présent il y avait Giacomo à mes côtés. Je me sentais forte. Je lui ai tendu la main. Mes doigts ont disparu entre les siens. Parvenus au bout de la crique, j'avais l'impression que nous étions prisonniers de l'endroit, qu'il nous faudrait rebrousser chemin et remonter la falaise que j'avais eu tant de peine à descendre avec mes tongs. Giacomo m'a incitée à continuer encore un peu. Comme s'il avait une idée derrière la tête et ne voulait rien m'en dire. Il a contourné la paroi rocheuse par la mer en me prenant dans ses bras, puis s'est engouffré dans une sorte de faille qui traçait un long couloir entre deux falaises. Nous sommes passés du soleil total à l'ombre intégrale. Il faisait frais, une fraîcheur minérale. Giacomo ne disait rien. Nous avons aperçu une cascade. Mon guide a enjambé un amas de cailloux, franchi plusieurs rochers avec moi toujours dans ses bras, puis nous nous sommes placés sous l'eau qui tombait des hauteurs. Hmmm… Nous allions être débarrassés du sel de la mer, vivre le reste de la journée dans un corps neuf. Giacomo semblait heureux, et surtout, je m'en rendais de plus en plus compte, il connaissait l'île comme sa poche. Le genre d'homme tout-terrain qui a la mémoire des lieux, qui sait conserver le souvenir des choses précieuses de la vie. L'eau chutait avec fracas sur nos cheveux, sur nos visages. C'est là que je l'ai embrassé pour la première fois, debout, sous le mur liquide. Longtemps. Puis il m'a de nouveau prise dans ses bras pour sortir de la cascade, me protégeant ainsi de la roche glissante sur laquelle les semelles de ses rangers faisaient merveille.

Nous avons continué notre marche. Je me sentais légère

comme une plume, confiée à sa force. Nous avons pris des sentiers inconnus des touristes, dont seul le personnel municipal avait l'usage. Mon guide ne s'en souciait guère et semblait savoir où il allait. L'air nous séchait alors que nous marchions. Une vigueur inconnue m'a envahie. J'ai eu envie de partager quelque chose avec mon amoureux. Une envie irrépressible, plus forte que moi. Comme un secret trop lourd à porter.

— Giacomo…

— Oui ?

— J'ai lu un livre ce matin.

— Sérieux ? !

— Un livre de Paul Béranger, le champion olympique qui coache les stars.

— Paul Béranger ! Je suis… fan.

— Il faut potentialiser son mental, croire en soi et dans les rencontres qui bouleversent une vie.

— Je suis d'accord avec cette… idée.

— La vie de Paul Béranger a changé après une mission à Dubaï où il a rencontré la Mort dans un palace.

— La Mort ?… Tournons à droite.

Neko pose le tome 3 de *Bad Love Hackers* puis quitte son transat. Elle prend dans son porte-monnaie un billet de vingt euros, chaud entre ses doigts comme le sable sous ses pieds, et tellement neuf qu'il en semble factice, comme le spécimen d'un jeu de société, puis se dirige vers le Sun Beach Club où deux techniciens imberbes montent un mur d'enceintes et un podium en cubes. Les chromes de la machine à glace italienne brillent au soleil, réfléchissant l'impression contradictoire d'une surface brûlante douée de froid. S'entend le léger vrombissement de l'usine à délices branchée sur secteur, à côté d'un congélateur au couvercle translucide où sommeillent, pailletés de cristaux de givre, esquimaux, bâtonnets multicolores, glaces à l'eau et Pouss Pouss fantaisie à la séduction enfantine. S'entend aussi, en fond sonore, *Diamonds* de Rihanna. Neko patiente quelques instants à l'ombre d'un auvent publicitaire Cornetto, « l'inventeur du cornet à glace », avant qu'une femme naturelle, aux seins larges et comme roussis, ne vienne la servir. L'adolescente opte pour une glace italienne vanille-fraise à quatre euros. La commerçante aperçoit le billet tenu par Neko et tend la main machinalement, comme si son appendice disait à sa place « comme ça ce sera fait », ou encore, telle une règle de l'échange marchand calquée sur le commerce de rue, « l'argent d'abord ». Elle saisit le billet tendu par l'adolescente et le fourre dans la banane noire qui ceint sa taille, au-dessus de son pubis rasé où saille la pointe d'un clitoris volumineux et pâle et de son ventre comprimé et gras, perlant de sueur à la jointure des couches de ventre distendues. Elle en ressort méthodiquement une suite de huit pièces de deux euros que Neko accueille dans la paume de sa main ornée d'ongles mandarine. Les pièces sont neuves elles aussi et scintillent et la jeune fille dit soudain qu'elle en préférerait moins, qu'elle préférerait un mélange de pièces et de billets, et la commerçante contestée fait la moue mais finit par céder, reprenant froidement cinq des huit pièces données et restituant à la place deux billets de cinq, plus anciens, et froissés. Puis elle empoigne un manche blanc sur la machine qui en possède trois, et l'abaisse brutalement, faisant couler un panaché de crème glacée dans le cône gaufré, peu à peu surmonté d'une coupole à spirale blanche et rouge parfaitement réalisée, achevée en son sommet par une virgule vanille, comme une signature éphémère. Ses yeux sont ailleurs, chocolat, immobiles, braqués sur le travail des deux techniciens accroupis. Elle se ressaisit, donne la glace à la jeune fille. Neko la remercie. La marchande du Sun Beach Club répond par un demi-sourire, forcé, rancunier, mécanique.

L'adolescente est debout près de son transat, près du transat vide de sa mère qui dans deux heures sera de retour, les doigts de pied enfoncés dans le sable à côté de son sac de plage Mangaland, face à la mer peuplée de baigneurs qui incantent la vie naturelle. Sa langue lape lentement le sommet du cône glacé tandis qu'elle observe devant elle ses deux voisins allongés. L'homme est sur le ventre. Ses bras pendent de chaque côté du lit de plage, dont celui encré de noir du coude au poignet, tel un bout de charbon. Sa peau est rougie par l'exposition solaire, et son bras bicolore noir et rouge fait désormais songer, en cette deuxième partie de l'après-midi, à la patte d'un homard. Sa compagne repose quant à elle sur le dos. Ses yeux sont clos. Son ventre a également rougi, comme écorché, de sorte que les traits du visage de Neko se froncent subitement, comme si l'adolescente avait tout à coup mal pour la vacancière en constatant que la couleur de sa peau, initialement laiteuse, était désormais la même que celle de ses larges mamelons pivoine. Les jambes de l'estivante sont légèrement écartées, couronnées d'une motte pelée, en accord avec les critères esthétiques de l'île, reflet inversé de l'austère et moutonnant massif des Maures à l'horizon, au-delà de la mer, suspendu dans une demi-brume de chaleur. Puis Neko attaque du bout de la langue une fine surface blanche et lève les yeux vers le nord, abolissant les données visuelles immédiates de son voisinage pour rejoindre le fort de Brégançon, indécis sur le continent, à une dizaine de milles nautiques. Elle ne verra pas la présidente et le Premier monsieur de France. Elle ne vivra pas l'expérience tangible de la présence réelle du pouvoir dans son incarnation estivale, « en toute décontraction ». Que peut donc bien faire une présidente au repos quelques jours ? Lit-elle des yaois tard le soir après la consultation des notes de travail rédigées par ses conseillers, techniciens du sens ? A-t-elle déjà été confrontée aux manipulations psychologiques d'amants oubliés et revanchards ? Et le Premier monsieur, hyper liké sur Facebook autant pour ses rôles au cinéma que pour ses activités caritatives en faveur des adolescentes nigérianes extirpées des griffes de Boko Haram, lit-il lui aussi des mangas ? Que cela doit être cool que le contact avec ce type de personnes, extra-humaines en quelque sorte, mais accessibles une fois par an. Malheureusement Neko n'y aura pas droit, à cause de sa mère. Car oui, cela eût été possible aujourd'hui : accéder au fort de Brégançon à l'occasion de la journée nationale du Patrimoine et rencontrer le couple présidentiel. De la fraise liquide coule sur les doigts de l'adolescente, qui les lèche et accélère sa dégustation. Un adolescent surgit et lui dit : « Tu viens te baigner ? » Elle le considère à travers ses lunettes Mandarin'. Il est mince, trop, mat des pieds à la tête, les cheveux courts, noirs, les traits fins. Son sexe pend comme un crayon. « Moi, c'est Jésus, et toi ? » Elle aperçoit à une dizaine de mètres ses deux amis qui rigolent. « Neko, moi c'est Neko. » Le garçon la dévore des yeux. « Neko ? Comme la marque de glace ! » Elle sourit. « Allez, on va se baigner ! » Elle ne répond pas. « D'où c'est que tu viens ? » Elle hésite, troublée par la silhouette qui se détache sur fond de mer scintillante, troublée surtout de parler alors qu'elle l'a si peu fait aujourd'hui. « De la région parisienne. » Et lui, d'où vient-il ? « Endoume, un quartier de Marseille. » D'accord, elle les rejoindra tout à l'heure. Mais pas tout de suite. « Bon, comme tu veux, on est les serviettes là-bas, là où y a mes deux copain'gs. » Elle le regarde s'éloigner, le dos cambré, sans épaules, sans forme, les fesses plates, les cuisses maigres, imberbes, brunes. Puis elle reprend sa place sur son transat et ouvre *Bad Love Hackers* tome 4.

BARBECUE INTERDIT
RISQUE D'INCENDIE

Nous étions sur le plateau supérieur de l'île, dans une zone forestière couverte de chênes-lièges et de pins parasols au tronc luisant de résine. Le soleil perçait faiblement, par gouttes. Giacomo était tacheté de lumière et sa peau semblait verte et ses yeux jaunes et ils me dépeçaient.

— Tes tongs sont bien légères pour prendre le maquis, où pourrais-tu fuir en cas de feu, à l'égal des bêtes sauvages ?

Il est parti dans un fou rire sans que je comprenne vraiment pourquoi. J'ai ri pour donner le change. Et toujours pas le moindre touriste. Mon accompagnateur savait s'y prendre pour sortir des sentiers battus. Il avait un bras autour de mon cou, une main sur un sein, qu'il pressait de temps à autre, comme un fruit mûr.

— Et toi, tu connais bien le maquis ?

— Comme tous ceux qui le prennent de temps en temps et qui s'équipent pour.

— Et aujourd'hui ?

— Aujourd'hui, j'ai pris le maquis avec toi. Pour te montrer quelque chose.

— Tu veux me montrer quelque chose ?

— Oh oui.

— Quoi ?

— Un endroit… secret.

— On est bientôt arrivés ?

— Dans quelques minutes. Quand je te dirai de fermer les yeux, tu les fermeras et je te guiderai. Puis je te dirai de les ouvrir et tu auras une… surprise. D'accord ?

J'ai dit oui sans hésiter. Je m'en rendais de plus en plus compte non sans une pointe de fierté : J'ÉTAIS VRAIMENT CAPABLE DE TOUT. Comme si je prenais pour la première fois de ma vie conscience de moi-même et de mes désirs de femme. Paul Béranger ce matin plus Giacomo cet après-midi, tout concordait, tout faisait sens. J'attendais très fort que mon guide me dise : « Ferme les yeux. » J'aurais alors fermé les yeux et glissé avec lui sur le sol. Il m'aurait prise par la main et je l'aurais suivi telle une aveugle protégée par un bon samaritain. L'air devenait de plus en plus sucré, comme un parfum de fleurs. J'ai soudain entendu : « Ferme les yeux. » J'ai fermé les yeux.

— Ne t'inquiète pas, tout va bien se passer.

(Pourquoi les choses se seraient-elles mal passées ?)

— Encore quelques mètres, et tu vas voir ce que tu vas voir.

(En même temps, j'étais si heureuse les yeux fermés que je n'étais pas sûre de vouloir les rouvrir.)

— Tu ne dis rien ?

(Non, je n'avais rien envie de dire, je souriais, c'était aussi bien qu'un beau discours.)

— Dis, tu passes un bon moment avec… Giacomo ?

(Évidemment que je passais un bon moment avec lui.)

— Tu ne veux pas répondre ?

— Raconte-moi une histoire, Giacomo.

— Tu veux une… histoire ?

— Oui, je veux une histoire, et t'écouter les yeux fermés.

Il s'est tu quelques secondes, a caressé ma main. Puis j'ai senti ses lèvres se poser sur mon cou et son souffle près de mon oreille.

— Je t'aime.

— Tu ?

— Oui.

— Giacomo…

— Julie…

— Moi aussi, je crois que je…

— Oui ? Tu ?

— Oui.

— Garde les yeux fermés.

— Et ton histoire ?

— Ce n'est pas mon histoire, c'est notre histoire.

— Giacomo…

— Ouvre les yeux.

Et alors j'ai vu un bois d'arbres en fleurs. Des pétales blancs par milliers, des petites clochettes à moitié ouvertes sur un cœur orange en train d'éclore, comme si ces dames aspiraient mille soleils. Mais était-ce bien des fleurs ? Ne s'agissait-il pas plutôt de papillons endormis ? Des papillons d'amour qui faisaient la sieste en attendant la venue du soir pour se promener d'un bout à l'autre de l'île, attirés par les photophores dans les jardins en fête.

La chaleur était moins lourde que tout à l'heure, l'air parfumé, subtil comme un parfum d'été, et, je dois le dire – car je suis tout sauf naïve –, sensuel, à l'image de mon propre parfum, Love Story, de Chloé. Depuis le début de mon séjour sur l'île, j'étais troublée par l'absence de vent. Mon métier était de promouvoir l'utilisation bio-responsable des éoliennes sur des territoires venteux, des îles Hébrides à la Patagonie, mais, depuis hier, je menais une vie où la seule énergie naturelle, hormis celle du corps, était solaire. Giacomo était mon soleil. À ses côtés je me sentais belle. Il m'avait entraînée dans un bois merveilleux où je ne pouvais que m'épanouir et moi-même devenir fleur. Nous étions seuls au monde, j'attendais qu'un homme m'offre cela depuis tellement longtemps. Giacomo était attentif à mon plaisir de découvrir la face cachée de ce territoire, celle à laquelle les adeptes ordinaires de la vie naturelle n'ont pas accès. Il voulait faire de moi quelqu'un d'important, faire de notre rencontre un moment inoubliable. Je rayonnais dans cet endroit privilégié, non encore souillé par la main de l'homme. Sa déclaration venait de me combler. Si celle-ci s'était avérée pour le moins rapide, et pouvait même à cet égard paraître suspecte, elle avait eu le mérite d'arriver au bon moment, voire d'arriver tout court – pas comme chez certains hommes chez qui elle ne vient jamais, que ce soit par mutisme, égoïsme ou stupidité. Giacomo parlait peu mais savait s'y prendre lorsqu'il s'exprimait. Je croyais en lui, ou du moins, je voulais y croire, et mettre tous les atouts de notre côté pour qu'on devienne un couple à qui la vie offre une seconde chance en lui faisant oublier qu'il a raté la première. J'abordais ce moment délicieux avec un mental d'enfer. Un instant j'ai repensé à l'hypnose orbitale à laquelle Paul Béranger m'avait initiée, à la course-poursuite dans le bois d'Amour, là où se trouvaient les secrets de la vie humaine, au bizarre lévrier qui l'avait guidé. J'étais moi-même prête à dire oui à la vie, oui à l'amour, oui à mon guide qui, pour le coup, n'était pas un chien mais un homme, un homme bien élevé – rien à voir avec la dégoûtante humanité que Paul Béranger avait croisée au Bois et au milieu de laquelle aurait pu se trouver Rémy, mon ex-mari. JE NE VOULAIS PLUS D'UN SCÉNARIO DE NON-VIE POUR LA DEUXIÈME PARTIE DE MON EXISTENCE MAIS D'UNE HISTOIRE À SUCCÈS POUR LA DEUXIÈME PARTIE DE MA VIE DE FEMME.

— Où sommes-nous mon amour ?

— Dans une forêt d'arbousiers.

— Ces arbres sont les fameux arbousiers de l'île du Levant ?

— Oui, ils fleurissent à la fin de l'été et à l'automne. Cette année ils sont en avance. Ça te plaît comme endroit pour…

— Giacomo, c'est splendide !

— On va être… tranquilles.

— Il n'y a aucun touriste par ici ?
— Aucun, c'est une zone… interdite.
— Tu as un sens de l'orientation extraordinaire !
— Je me fie à mon… instinct.
— Ce sont des fruits comestibles ?
— Pas de danger. Arbousier, ça veut dire « arbre à fraises ».
— Mais ce ne sont pas des fraises !
— Non, ce sont des arbouses.

Il a caressé mon visage de son index. Sa peau bronzée était maintenant non plus tachetée de soleil mais couverte de pétales de lumière. Il avait l'air d'un fauve debout sur ses antérieurs. Giacomo a arraché un fruit plus rouge que les autres, en a décortiqué la peau granuleuse et l'a mangé lentement, ses yeux dans les miens. Il en a pris un autre, l'a préparé, puis placé entre mes lèvres. Je l'ai mangé à mon tour, mes yeux dans les siens. Le fruit était juteux en bouche, légèrement acidulé, avec une texture plâtreuse.

— Ça n'a pas tellement de goût.
— Moins que toi Julie, c'est certain. Mais c'est plein de… vitamines. Comme toi.

J'ai repris un fruit que j'ai pelé comme un litchi et coincé entre mes dents. Lors de mon inscription sur Nostresscode, j'avais mentionné que ma denture était mon « petit plus charmant » – c'était une précision demandée, comme un bonus. Giacomo, lui, avait dit ses mains mais aurait dû dire ses pieds – il devait prendre pour un handicap ce qui était un atout. Et à présent il pouvait admirer mes dents serties d'un fruit. Je l'ai embrassé tendrement en poussant de ma langue la baie dans sa bouche. Il l'a mangée et m'a regardée comme jamais aucun homme ne m'avait regardée. C'était fort. Mais tout à coup il m'a foudroyée et m'a dit : « Ne bouge pas. » Ses yeux sont devenus calmes et glacés. « Ne bouge surtout pas si tu veux rester en vie. » J'en aurais été bien incapable. Giacomo a bondi et bloqué sous son talon la tête d'un serpent caché à un mètre de moi, près d'un arbre, avant de se baisser et de saisir le reptile par la queue. Il a ri et ramené vers moi l'animal qui se débattait.

— Une couleuvre de Montpellier. C'est impressionnant mais pas méchant. Elle ne t'aurait pas attaquée car elle craint les humains.

— Une couleuvre de Montpellier ? Mais on est sur l'île du Levant, comment est-elle venue ?

— Elle est née ici, c'est juste le nom de l'espèce. Regarde, elle est très belle, une femelle, elles sont plus petites que les mâles.

Il a approché de moi la gueule ouverte de l'animal qui essayait de cracher.

— C'est un reptile venimeux mais ses crochets sont loin au fond de la gorge, ils ne peuvent pas t'atteindre.

La couleuvre me fixait. Je crois que si Giacomo ne m'avait pas rassurée j'aurais fait pipi sur place.

— Tu connais les reptiles ?
— C'est l'une de mes passions.
— Où as-tu appris à les attraper ?
— Sur le… terrain.
— Oui, mais où ?
— À Madagascar.
— À Madagascar ?! En formation internationale ? En voyage privé ?
— En… formation internationale.
— Vous, les ingénieurs ONF, vous vivez quand même des trucs incroyables !
— Ou… Oui.

Je regardais Giacomo, sa peau bronzée, les muscles de ses bras tendus, son visage tendre et brutal, nordique et méditerranéen, le serpent dans sa main. Je regardais Giacomo devant moi comme un enfant qui a réussi son tour de magie. Je regardais Giacomo et je lui ai dit : « J'ai envie de toi. »

Je me déshabille, envoie valser mes tongs. Je me sens prête. Giacomo se déshabille lui aussi. Il enlève sa casquette, son sac à dos et ses rangers, qu'il place debout contre un arbousier. Il a un petit côté maniaque.

Giacomo me compose un lit de fleurs avec des pétales qu'il récolte sur les arbres, puis me demande de m'allonger et de faire comme si j'étais morte. Ma peau est fraîche au contact de la matière végétale. Je suis super excitée.

C'est maintenant mon corps qu'il couvre de fleurs blanches. Il n'oublie pas mon visage. Je ferme les yeux. Sa main écarte les pétales comme du sable et se pose sur ma gorge, qu'il serre.

Giacomo me demande d'écarter les bras et les jambes, puis enlève lentement toutes les fleurs dont il m'a recouverte, comme s'il me pelait.

Giacomo place des fleurs sur chacune des ouvertures de mon corps. Je ne vois plus ni ne peux parler. Puis il lèche ma peau, doucement, partout, sauf là où il y a des fleurs.

Giacomo libère mes ouvertures avec sa langue. À chaque fleur enlevée, il m'embrasse et dépose des pétales entre mes lèvres. Je joue toujours à la morte.

Giacomo fait une couronne de fleurs autour de mes seins, puis les lèche.

Giacomo fait tomber une pluie de pétales sur ma poitrine, mon nombril et mes cuisses, puis les chasse en soufflant dessus.

Je pense soudain à la pub pour le parfum Flower de Kenzo et me dis qu'elle est nulle comparée à ce qui m'arrive.

Giacomo compose une ceinture de fleurs autour de ma taille, puis lèche tout ce qu'il y a en dessous, comme un petit porc.

Je sens le plaisir monter en moi, je tourne la tête et vois les rangers de mon amant.

Giacomo place un pétale unique sur le haut de mon sexe, puis embrasse mon nombril et me lèche jusqu'au menton.

Giacomo suce mes doigts un par un (et moi j'aimerais bien sucer ses pieds).

Giacomo me demande de me retourner et de me placer sur le ventre en continuant de jouer la belle endormie. Je m'exécute. Il me couvre de pétales, puis se met à me masser le dos en roulant sur ma peau la matière végétale. « Ça protège des insectes », me dit-il.

Giacomo continue de me masser. Il ne néglige aucune zone de mon corps, sauf celles que j'aimerais qu'il masse vraiment.

Je suis de nouveau nue, sans vêtement de fleurs. Sur le dos cette fois. Une lumière dorée coule des arbres. Ma peau exhale un parfum d'arbouses.

Quelle heure est-il ? Que fait ma fille ?

Giacomo prend sa casquette et la place sur mon sein droit, avant de lécher le gauche. Puis il fait l'inverse.

Giacomo place sa casquette sur mon sexe, et me lèche des cuisses aux doigts de pied. Il me dit que je suis belle. Au fond de moi je me dis : JE SUIS CAPABLE DE TOUT.

Giacomo me demande de fermer les yeux. Je sens de l'eau sur mon ventre. Tout à coup, je comprends : il roule des arbouses de mon nombril jusqu'à ma poitrine, puis se désaltère en lapant ma peau.

Giacomo emplit de jus mon nombril, puis le boit.

Giacomo me demande de me retourner. Il suce mon cou, très fort. J'ai peur d'avoir une trace mais ne dis rien.

Giacomo couvre de pétales la zone de succion, comme un pansement. Il me dit qu'il est diplômé en médecine chinoise, je ne le crois pas.

Giacomo me fait un suçon là où je ne m'y attendais pas. Hmmm.

Mon plaisir est mental.

Je suis à genoux près de Giacomo et suçote ses doigts de pied.

Un, deux, trois, quatre cinq, six... Je murmure : « Giacomo, l'homme aux six doigts de pied. » Il me dit : « Matheuse. »

Un... hmmm. Deux... hmmm. Trois... hmmm. Quatre... hmmm. Cinq... hmmm. Six... hmmm. J'ai l'impression de réapprendre à compter.

Je lèche les doigts de pied de Giacomo du plus grand au plus petit, comme une octave : hallux, secundus, tertius, quartus, quintus et... son petit doigt de pied supplémentaire, de la taille d'un bouton de fleur, que j'appelle le giacomus.

Ma langue fait des gammes sur les doigts de pied de Giacomo. Je monte et descends le long des touches.

L'hallux de Giacomo est au fond de ma gorge tandis que je masse son giacomus.

Je suce tous les doigts de pied de Giacomo à la fois. Mon amant a les mains croisées derrière la tête et me regarde, satisfait.

C'est l'été et je veux jouir.

Je lèche la cicatrice de Giacomo sur son flanc. Il me dit : « Lèche-moi partout, sauf là. » Je lui dis : « C'est quoi ? » Il me répond : « J'ai frôlé la mort. »

Je lèche ses mollets, qui ne sont pas mous, mais durs, comme sa verge.

JE SUIS CAPABLE DE TOUT.

Giacomo me dit : « Qu'est-ce que tu fais ? » Je ne lui réponds pas et place sa casquette sur son membre. On dirait un drapeau vert, comme à la plage.

Giacomo enlève la casquette de son sexe et la met sur sa tête. Je suçote son nez en trompette et pose une main sur ses cuisses.

Je tire sur les poils de sa poitrine et lui dis : « Les fleurs d'arbousier doivent avoir mal quand on les arrache. » Il me demande de continuer de faire mal à ses poils puis crie : « Aïe, aïe, aïe, arrête ! »

Je lèche le lobe de ses oreilles et lui glisse : « C'EST MOI TA COACH. » Il me dit : « Coache-moi. »

Je lui dis de se mettre sur le ventre. Je prends ses rangers, les passe sur mes mains, comme des gants, et lui marche dessus. Une, deux, une, deux. Il rit et me dit : « Tu vas voir, je vais te faire marcher. »

Je bloque sa nuque avec une rangers et lui dis : « Tu es ma couleuvre de Montpellier. »

Je lui dis de se lever et de fermer les yeux. J'enlève le lacet d'une rangers et le passe sur une branche, puis autour de son cou. Je serre. Il dit : « Tu veux me tuer ? » Je lui dis : « Je ne sais pas encore. »

JE SUIS UNE CHAMPIONNE MENTALE.

Je commence à l'étrangler. Ses yeux deviennent blancs. Il éjacule et regarde sa semence disparaître dans la terre. Il me dit : « Tu ne sais pas à qui t'as affaire. »

J'imagine qu'un arbre fabuleux va pousser là où il a joui, avec six racines visibles à ses pieds, comme des veines, et un sommet à trois branches, comme une éolienne.

Giacomo décortique une dizaine de baies. Il me demande de fermer les yeux et de tourner sur moi-même, longtemps. Ma tête chavire. J'entends : « Mets-toi à quatre pattes. » Je m'exécute mais manque de tomber.

Je pense à Nostresscode.com. J'ai envie de leur dire : « Merci. »

Giacomo place une arbouse humide dans chacun de mes orifices. Je me dis : je suis un arbre à fruits.

Je sens de l'huile couler sur mon dos, sur mes fesses.

La victoire est toujours mentale.

Je lui dis : « Mets un préservatif, j'ai confiance en toi mais je ne ferai pas l'amour sans préservatif. » Giacomo déroule sur son sexe une capote qui prend une couleur kaki dans la lumière du bois.

Mes mains sont humides dans la terre humide et moi je suis super trempée.

Giacomo enlève à chaque fois un fruit, et le remplace par son gland.

J'ai soudain sur la tête la casquette de Giacomo, posée de travers. Je tourne les yeux en suivant l'inclinaison de la visière, aperçois à deux mètres une couleuvre qui mate nos ébats. Je tente de l'hypnotiser pendant que Giacomo s'amuse à m'ouvrir d'une main.

Giacomo me demande de mettre ses rangers. Je nage dedans. Puis il veut que je me place les mains contre un arbre, le dos cambré. Il se glisse derrière moi, une main sur ma casquette.

J'aime le mélange de douceur latine et de brutalité nordique de Giacomo.

Quelle heure est-il ? Que fait ma fille ?

Je suis sur le dos. Giacomo me ligote avec les lacets de ses rangers. Il est conciliant et ne serre pas trop fort. J'accepte de lui ce que jamais je n'aurais accepté de mon ex. Je ne peux plus bouger, et j'ai trois fruits dans la bouche. Tiens, Giacomo n'est plus là.

Giacomo ?

Je suis seule et ligotée.

Giacomo ?

Giacomo revient avec un iPhone et me prend en photo. Ce seront de belles images de notre première rencontre, un truc qui n'appartiendra qu'à nous.

Giacomo me dit : « Tu es terrible, j'ai encore envie de te prendre. Tu as de la chance, sinon, je t'aurais abandonnée. » Il me libère avec ses dents.

Giacomo s'allonge sur le dos. Je prends le dessus.

Je regarde vers l'est et Giacomo vers l'ouest. Nous sommes joue contre joue, les yeux mi-clos.

J'AIMERAIS QUE CELA NE FINISSE MENTALEMENT JAMAIS.

Des pétales dansent autour de moi.

MON MOI EST DE CRISTAL.

Ahhhhhhhhhhhhhhhhhhhhhhhhhhhhhhhhhhhhhhhhhhh !

Un type en VTT avec un casque et une chemisette des Brigades vertes nous regarde la bouche ouverte.

LOVE MAKERS VS BAD LOVE CRACKERS

Tomoaki contemple par le hublot la permissive cité californienne de San Francisco qui grossit à vue d'œil, splendide et estivale, léchée par les eaux froides du Pacifique. C'est là qu'il a voyagé pour la première fois hors du Japon en compagnie de Kinji. C'est sa Venise à lui, à eux ; il en sera ainsi pour toujours, aux confins de ses souvenirs, pense-t-il dans une bulle mélancolique, alors qu'un steward en blazer à manches courtes longe la zone classe affaires pour vérifier la fermeture des ceintures de sécurité avant la descente sur la ville.

Le Boeing 787 Dreamliner de la Japan Airlines (long fuselage blanc ourlé de noir sur fond de case vide) déplie ses trains d'atterrissage et se pose sur le tarmac de l'aéroport international de San Francisco à 2:18 PM. La température extérieure est de 99 degrés Fahrenheit, annonce le commandant de bord, après que tout le monde l'a applaudi pour la fluidité de sa manœuvre (Neko sous son parasol partage ce moment de joie décontractée, identifiable au plaisir de toute arrivée vacancière extra-nationale – Frisco, nous voilà !).

Tomoaki descend de l'avion incognito, vêtu d'une chemisette à fleurs barrée d'un baise-en-ville noir, d'un short blanc, et de lunettes de soleil grossières pour touristes benêts.

Dans les couloirs du terminal Asie, l'inquiétude submerge le voyageur (une goutte de sueur perle sur sa tempe, son front est humide, comme celui de sa plus fervente admiratrice sur une île naturelle de la zone Europe) : tous les hommes sont en couple et se tiennent par la main, tels des robots énamourés où le mâle dominant rayonne en promenant son petit ami, le regard bas, résigné, de temps à autre accroché aux messages hypnotiques qui défilent sur l'écran digital de sa montre – «*you will love me for ever*». Le virus BLH a ainsi fini par ravager la Californie et donc la Silicon Valley, où sont lancées à l'échelle mondiale les grandes innovations techniques et sociétales : nul espoir que le reste de la planète demeure indemne, à part le fin fond du bush australien où survivent les Aborigènes.

Tomoaki (le seul célibataire dans la case horizontale bondée de couples en haut de la page) récupère sa valise sur un tapis roulant circulaire autour duquel personne ne fait attention à lui, sinon un dominant sexuel qui, le voyant libre, lui ordonne de porter ses bagages. «Je ne suis pas ta chose», lui dit l'espion.

Un faux taximan l'attend près de la sortie en arborant un bouquet de roses noires et un nom codé sur un carton : mister Black.

Le taxi roule dans les rues de Frisco vitres fermées, étanche à l'épidémie rétrosentimentale au-dehors.

Mister Black, à l'arrière, observe les duos de piétons

(l'individu n'existe plus, l'humanité est devenue une interminable cohorte de maîtres et d'esclaves main dans la main le long de Paradise Lost Avenue, constate Neko, qui se dit également que Atsuko Endô connait Milton, poète qu'elle étudie au cours de l'assistante d'anglais miss Burnett, dans sa classe de première littéraire du lycée François-Villon de Rueil).

À un feu rouge, le hacker nippon croise le regard d'un conducteur qui le dévisage triomphalement, près d'un jeune passager qui pleure à la place du mort (yeux immenses et vides encadrés de lunettes rectangulaires à travers le pare-brise également rectangulaire, immense et vide).

Ils franchissent le Golden Gate Bridge, après quoi le chauffeur lui tend un bandeau noir. « Mettez-le sur vos yeux, l'endroit où je vous conduis doit rester secret. »

Ils roulent une heure.

Tomoaki circule dans les ténèbres et lui apparaît spectralement le visage de Kinji, le regard perdu.

Ils se garent devant un bâtiment aux murs et au toit couverts de végétaux, au milieu d'un bois. Le chauffeur fait sortir son passager en le prenant par la main, comme un aveugle, ou comme O, dont on connaît l'histoire.

« Tomoaki, après toutes ces années ! » dit Akihiro à son invité, dont les yeux sont soudain éblouis par la lumière forestière et la résurrection bienveillante d'un visage ancien (cheveux noirs à mèches blanches, comme argentés par le crayon de la mangaka, pommettes hautes, mâchoires puissantes, traits fins, lèvres fines, globes oculaires disproportionnés bordés de longs cils tendus). « Viens, je vais te faire visiter notre hackerspace. »

Ils entrent dans le laboratoire informatique clandestin.

Akihiro, ancien agent double de nationalité américano-japonaise, est aujourd'hui au service du monde informel et ultra-politisé des *makers* numériques, rejetons de la contre-culture libertaire californienne, hackers pragmatiques cherchant à produire des solutions informatiques au service de la collectivité plutôt qu'à pirater les systèmes pour leur nuire ou en tirer un bénéfice occulte, voire une satisfaction perverse, spécificité des *crackers* (« Qu'est-ce qu'il est élégant, tout en blanc des mocassins au polo, autre chose que les touristes du Levant, et viril ! » constate Neko, surprise).

Le *maker* présente à son hôte la cellule où lui et ses alliés tentent d'annihiler le fléau Bad Love Hackers. Les informaticiens contestataires sont à leur poste, concentrés, tous en slip boxer à cause de la chaleur étouffante, près de ventilateurs en marche.

— Tomoaki, je sais que tu as perdu Kinji. J'en suis vraiment désolé.

— Vous n'êtes pas contaminés alors que tout San Francisco l'est ?

— Non, nous travaillons sous Linux et n'utilisons que des logiciels *open source* inviolables. Notre espace informatique est le seul au monde à ne pas être touché.

— Il faut punir Manjiro.

— Le châtier, oui.

— Mais comment ?

— Nous avons mis au point un antivirus, c'est pour ça que je t'ai fait venir.

— Vous avez réussi ?!

— Oui, et tu vas être le premier à apprendre son nom.

— Laisse-moi deviner… Bad Manjiro ?

— Non !

— Alors ?!

— Good Love Makers.

— Good Love Makers ! Formidable ! Quel en est le principe ?

— On va commencer par infiltrer des PC cibles un peu partout dans le monde en lançant notre protocole viral de programmation neuro-textuelle : on rentre dans les mails contaminés et un programme se charge de mettre des négations là où il y a des affirmations et des affirmations là où il y a des négations.

— Exemple ?

— « Je t'ai toujours aimé » devient « je ne t'ai jamais aimé » et « tu seras toujours à moi » devient « je ne t'appartiendrai jamais ». Tu saisis l'impact ?

(Neko tente quelques phrases : « j'aime passer l'après-midi avec toi » / « je n'aime pas passer l'après-midi avec toi » ; « tu es toujours fiable » / « tu n'es jamais fiable » ; « je suis malheureuse de ne pas te voir de la journée » / « je suis heureuse de ne pas te voir de la journée » ; top ! songe la lectrice, qui ajoute : « de la soirée aussi ».)

— Incroyable, vous voulez prendre Bad Love Hackers à son propre piège !

— Exactement ! Je te le dis solennellement, dans moins de quarante-huit heures Kinji va fuir Manjiro et se jeter dans tes bras.

— Ne me donne pas de faux espoir… Ah, Akihiro, que je regrette le temps où nous travaillions ensemble. Tu ne veux vraiment plus collaborer avec notre unité spéciale à Tokyo ?

— Hors de question, fini le Japon, fini l'État, fini les services secrets, je rends désormais service à l'Amour, c'est tout.

(Neko sent soudain une présence à ses côtés. Elle sursaute et considère Jésus, les cheveux trempés, la peau dorée couverte de gouttelettes, une canette de Red Bull Energy Drink à la main.

— Hey Miko, tu viens jouer au volley ?

— Je finis mon yaoi et j'arrive.

— Ton quoi ?

— J'arrive dès que j'ai fini mon livre. Ne m'attendez pas, promis, je vais venir.

L'adolescent part. La jeune fille se replonge dans sa lecture, oubliant aussitôt le monde extérieur, chassant machinalement des particules de sable déposées sur son livre par son tonique visiteur.)

— Tu n'as jamais été comme les autres, Akihiro. C'est pour ça que tu aimes les femmes.

— Oui, tu ne sais pas ce que tu rates… Tomoaki, mon ami, j'ai une dette envers toi.

— C'est du passé.

— Non, ce n'est pas du passé. Je ne te remercierai jamais assez. C'est toi qui as détruit les données secrètes sur mon hétérosexualité, quand le contre-espionnage cherchait à m'éliminer.

— Je te dis que c'est du passé. Vous lancez quand Good Love Makers ?

— Tout de suite.

— Tout de suite ?

— Oui. Et c'est toi qui vas t'en charger. Toi et personne d'autre, je voulais te faire ce cadeau.

Tomoaki suit Akihiro dans une pièce obscure barrée par la lumière rectangulaire d'un ordinateur portable, près d'un plant de cannabis en pot grimpant le long d'un mur couvert de posters de femmes nues. Le *maker* hétérosexuel tapote des deux mains sur les touches du clavier, à la manière d'un pianiste démonstratif. Les lettres GLM apparaissent à l'écran, larges et souveraines, comme l'annonce de la superproduction informatique à venir. Akihiro désigne à son ami la touche Envoi.

— Le moment de la Vérité est venu, celui de la Vengeance aussi, dit Akihiro. Dans moins de quarante-huit heures, tu sauras.

L'index lisse et blanc de Tomoaki effleure la touche digitale qui préside au destin de son cœur. Puis il ferme les yeux et se prend le visage à deux mains.

— Messieurs dames, je ne voudrais pas vous déranger mais vous savez que la réserve est interdite ? nous dit l'agent en VTT, un trentenaire plutôt mignon avec un fort accent du Var.

Je ne voyais pas ses yeux, il avait des lunettes noires et un sifflet autour du cou. Ses lèvres et sa peau brillaient.

— Désolé, nous nous sommes… perdus. Nous allons regagner la zone publique, a dit Giacomo en se décollant de mon sexe.

— Hop hop hop, pas si vite, ce serait trop facile. Vous prenez du bon temps mais vous n'assumez pas vos actes.

(Je sentais l'agent me regarder de la tête aux pieds, quel salaud ! J'ai serré les cuisses, j'étais encore trempée.)

— Quels actes ? Nous nous sommes égarés. Nous avons pris la liberté de faire l'amour, y a rien de mal à ça. On va partir, c'est tout, a dit Giacomo.

— Non, c'est pas tout. Le problème, c'est que c'est pas

tout. Vous venez de commettre une quadruple infraction au règlement de l'île.

— Quoi ?

— Oui oui, ne faites pas les innocents, je constate une quadruple infraction : présence sur une réserve interdite, coït sur la voie publique, consommation d'arbouses. Et surtout : vol.

— Vol ?

— Papiers.

— Écoutez, on a du mal à vous suivre, vous n'avez aucun mandat légal pour nous contrôler, qu'est-ce que vous cherchez au juste ?

— Si vous le prenez comme ça messieurs dames.

(L'agent a fouillé la poche de sa chemisette et exhibé une carte officielle Brigade verte du Levant.)

— Cette carte n'a aucune valeur, vous n'êtes pas de la police. Nous allons quitter les lieux et en rester là. D'accord ?

— Oh que non. J'ai une délégation de pouvoir sur l'île. Pour les vols.

— Mais comment voulez-vous qu'on ait pu voler quoi que ce soit ?!

(C'est moi qui parlais, j'étais folle de rage, je ne supporte pas l'injustice.)

— Je vous dis que vous avez commis un vol. Un vol de tortue.

(Il a désigné le sac à dos de Giacomo puis est descendu de son vélo. Il a sorti la matraque télescopique rangée dans la poche de son short, le long de sa cuisse. Il l'a dépliée, a tapoté avec dans la paume de sa main sans cesser de me regarder. J'étais gênée, je croyais voir mon ex dans ses pires moments.)

— Vos papiers, tout de suite. Et votre sac, vous le videz devant moi. Allez, pas d'histoires.

— Pourquoi la Brigade verte ne circule-t-elle pas en tenue naturelle, comme tout le monde? ai-je dit. Vous ne nous respectez pas. Vous êtes un voyeur qui prenez votre pied en regardant les gens baiser. Je vous signalerai à votre hiérarchie.

— J'appartiens à la Brigade verte sur la zone de l'île qui n'est pas naturiste, madame. À ce titre, je n'ai pas à vous ressembler. Vous n'aviez qu'à aller jouir autre part.

— Salaud! n'ai-je pu m'empêcher de lui dire en serrant fort la main de Giacomo qui luttait pour conserver son calme.

— Allez allez, les papiers et le sac. Je le vois d'ici, il bouge tout seul, il y a des tortues dedans, on ne me la fait pas.

(Je me suis tournée vers le sac et effectivement il bougeait, mais pas plus que l'arbre dans la lumière de fin d'après-midi. Mon Giacomo, mon bel ingénieur des Eaux et Forêts traité de sale voleur de tortues, que ne pouvais-je entendre là! J'ai fait face à l'agent et constaté que son short remuait, comme le sac, et j'y ai vu apparaître une bosse. Giacomo m'a lâché la main et s'est dirigé près de l'arbre où il a commencé à passer ses rangers – lui aussi ne lâchait pas l'agent du regard. Giacomo, que tu étais beau et félin, un genou au sol, tes muscles bandés à fond alors qu'un prédateur en textile voulait te faire du mal.)

— Vous mettrez vos godillots plus tard. Papiers et sac, j'ai dit.

— Je vais vous les montrer tout de suite mais j'ai besoin de mettre mes chaussures. J'ai mal… à la voûte plantaire.

— Mal à la voûte plantaire ? Vous vous foutez de ma gueule ! Dépêchez-vous.

— Oui oui, ne soyez pas impatient.

— Vous, je vous sens pas. Vous avez une gueule de bidasse en cavale.

(Giacomo n'a pas répondu mais j'ai vu apparaître quelque chose de dur dans son regard. Il a fixé le type des Brigades vertes et aussitôt j'ai vu la peur sur son visage de fouine. Giacomo a pris son sac et l'a déposé lentement aux pieds de l'agent.)

— Fouille.

(Le sac bougeait sur lui-même.)

— Non, vous.

— Ouvre le sac, le garde-champêtre. Si tu veux pas, tu te casses.

— Ne me parlez pas comme ça.

— Je te parle comme je veux, vicelard.

— Vous connaissez le tarif ? Mille euros par tortue d'Hermann volée, les braconniers comme vous, je les connais. J'espère que vous avez de quoi payer.

— Tais-toi et ouvre le sac, ça t'évitera de te branler derrière les arbres, t'as taché le bas de ta chemisette.

(Je ne l'avais pas vu mais oui, Giacomo avait raison, le bas de son vêtement était souillé. L'agent a soudain levé sa matraque et tenté de porter un coup sur Giacomo qui a esquivé, lui attrapant le poignet et le tordant doucement. Le type s'est retrouvé à genoux.)

— Pervers ! ai-je crié. Vous n'avez pas honte de vous en prendre aux promeneurs ?

— Ça va vous coûter cher, vous ne quitterez pas l'île sans menottes.

(J'ai demandé à Giacomo de le laisser mais il ne m'écoutait pas. Il a enlevé les lunettes du type et les a écrasées du talon. J'ai vu deux yeux bleus terrifiés. Giacomo a encore tourné le poignet. L'agent a hurlé.)

— Si madame n'avait pas été là, je t'aurais tué, fils de pute.

(Puis mon homme a pris le VTT et l'a accroché à un arbre. Le type des Brigades vertes était accroupi, le bras ballant comme celui d'un grand singe. Il n'arrivait même plus à crier. Tant pis pour lui, ce n'était pas sa journée mais la mienne. J'ai glissé mes doigts dans les cheveux de Giacomo pour y chasser quelques pétales. Il respirait fort. Il a posé une main sur mes fesses et nous sommes partis. Le sac bougeait sur son dos. Je lui ai demandé ce que c'était. Il m'a répondu : « T'y mets pas toi aussi, je te dis que ce sont pas des tortues. » Je n'ai pas insisté, pourquoi m'aurait-il menti ? J'avais envie que cette journée ne finisse jamais.)

Nous avons repris notre marche. Les arbousiers illuminés succédaient aux arbousiers illuminés, les arbres prenaient une douche de soleil. Nous étions silencieux et sereins, seuls au monde. Nous avions retrouvé notre calme après les plaisirs de l'amour et l'intrusion de ce sale type – au fond de moi, j'étais contente que Giacomo lui ait donné une bonne leçon. J'allais malheureusement bientôt devoir quitter mon amant pour retrouver Neko, et déjà j'espérais le revoir dans la soirée et qu'il me fasse de nouveau l'amour – peut-être à la plage, dans l'eau, de nuit, quand l'île serait couchée, sans personne pour nuire à notre joie. Cet homme me plaisait. Son corps me plaisait. Tout en lui me plaisait, surtout ses six doigts de pied, dont la douce étrangeté appelait mes lèvres en silence. Giacomo parlait peu, j'aimais cela. Je le sentais, il avait faim de moi, comme un ogre. J'ai eu envie de faire pipi. Je me suis mise derrière un arbre. En levant la tête j'ai vu Giacomo qui me souriait. Je l'ai laissé me regarder. J'ai eu l'impression d'uriner longtemps. De l'or. Mon sexe me brûlait, les yeux qui me regardaient me brûlaient eux aussi. Il s'est approché de moi, de nouveau viril. J'aimais ce désir de partage, j'acceptais de lui ce que jamais je n'aurais accepté d'aucun autre, et certainement pas de mon ancien mari, surtout dans sa dernière période – Rémy me faisait peur. J'ai placé mes bras autour de ses cuisses, tendrement, mais j'ai entendu un coup de sifflet. Giacomo m'a prise par la main et nous avons commencé à courir. Il était comme enragé, j'avais du mal à le suivre, même s'il m'aidait à franchir les obstacles du maquis, ornières ou talus sauvages, souches ou ronces susceptibles de me vêtir de sang. Je ne savais où nous allions, il le savait pour moi. Il y a eu un autre coup de sifflet, puis trois autres. On nous traquait. J'ai demandé à mon chéri ce qu'il fallait fuir, il m'a dit : « Je n'en sais rien mais c'est une chasse à l'homme », et il a jeté son sac à dos. J'ai voulu savoir pourquoi il s'en était débarrassé, il m'a répondu : « Pour me sentir plus léger. » On a continué à un rythme impossible, il y avait davantage de mauvaises herbes, elles griffaient mes pieds, harcelaient mes jambes. Giacomo était lancé comme un chien de chasse. Seulement c'était lui la proie, et moi son otage. Je n'en pouvais plus, je n'étais pas sportive, mon souffle allait céder, mon cœur éclater. J'ai dit à Giacomo : « J'arrête. » Il m'a dit : « Non, grimpe sur mes épaules », et nous sommes repartis. Je crois qu'il a encore accéléré. Je sautais sur sa nuque comme sur la selle d'un cheval. Je lui ai demandé comment il faisait, il m'a dit qu'il pratiquait la protogym, l'imitation sportive des hommes préhistoriques, qui se servaient de tous leurs muscles pour survivre en milieu hostile. Tout à coup j'ai vu deux masses noires et jaunes qui coulissaient l'une sur l'autre, une gueule ouverte lâchant un cri, puis deux ombres qui se poursuivaient furieusement – des tortues cherchant à s'accoupler, chaque mâle essayant d'immobiliser la femelle, les carapaces s'entrechoquant dans la forêt silencieuse. Il y a eu un nouveau coup de sifflet. J'ai écarquillé les yeux : le sol était jonché de tortues qui vivaient leurs amours. Les branches des arbres étaient noires, noires comme des matraques, et la nuque de mon cheval humain excitait mon sexe à vif. Les oreilles de Giacomo sortaient de sa casquette, fines et longues. De temps à autre, il sautait par-dessus les reptiles, évitait des collisions au bruit mat. Le sol était instable, zébré d'éclairs de carapaces. J'allais vite, respirais mieux. Je volais sur mon beau destrier aux confins du territoire des tortues. Il y en avait partout. Un océan de tortues. Une mer noire et jaune s'agitant au rythme de la nécessité sexuelle. Les carapaces sonnaient le gong, les mâles criaient en tentant de bloquer les femelles, des petits cris ignobles s'éjectaient de leur gosier – moi-même je hurle quand je jouis, mais avec plus de franchise. Giacomo avait réduit sa vitesse. Il sautait parmi les couples tantôt sur un pied tantôt sur deux, évitant les carapaces, comme s'il jouait à la marelle. De temps en temps, il pestait : « Saloperies ! » La végétation était plus dense, la forêt plus sombre, à peine trouée de moisissures solaires. Les sifflets se multipliaient, de plus en plus sonores, et convergeaient vers nous. Nous ne tiendrions pas longtemps, allions être rattrapés. Je passerais la nuit au poste, Neko serait paniquée mais la gendarmerie la préviendrait et lui fournirait un repas chaud. Pourtant, nous n'avions rien à nous reprocher : ni vol ni agression, juste une attitude de légitime défense face à un voyeur de la Brigade verte qui n'avait aucune autorisation particulière pour lever la main sur mon homme. Giacomo demeurait calme. Il continuait de mener sa course, certain de son cap, sûr de sa force. J'ai aperçu un groupe de chauves-souris suspendues à une branche qui nous suivaient de leurs yeux ronds, incrédubles face à deux humains dans une orgie de tortues. Peut-être était-ce l'effet de la fatigue mais j'ai eu l'impression qu'elles me parlaient. BRAVO JULIE, TU AS MISÉ SUR LE BON CHEVAL, GIACOMO, CASAQUE VERTE. « Oui, je sais », me suis-je surprise à leur répondre. J'étais épuisée, j'avais un coup de pompe – il m'arrivait régulièrement de faire des crises d'hypoglycémie après des rapports sexuels intenses. Pourtant je respirais mieux, les poumons au repos emplis de la fraîcheur forestière, mes mains et mes cuisses serrées autour du cou de mon amant, mes pieds contre ses flancs. Et DE NOUVEAU TU COURS, TU COURS DANS LE BOIS. Mon fugitif connaissait parfaitement ce type de sol. TU COURS ET AUTOUR DE TOI, LE BOIS FAIT L'AMOUR. J'admirais ces professionnels qui allient connaissances théoriques et expérience de terrain. TU ENTENDS L'INSTINCT, TON INSTINCT QUI TE DIT : GIACOMO, GIACOMO, GIACOMO… J'avais toujours eu un certain respect pour les ingénieurs des Eaux et Forêts, mais lui les surpassait. TU LE CHERCHAIS TANT, TON COACH, LE VOILÀ. J'ai tenté de résister mais j'ai… IL T'A EMMENÉE LÀ OÙ IL VOULAIT QUE TU AILLES ET TU L'AS SUIVI, AU FOND DU BOIS. Mais j'ai fermé les yeux.

TU VOLES
SUR LES ÉPAULES D'UN PUR-SANG
PAR-DELÀ LE MAQUIS

D'AMOUR

MAIS LA BRIGADE DU BOIS APPROCHE
TU NAVIGUES SUR UNE MER DE TORTUES
SOUS LE GÉMISSEMENT DES REPTILES EN RUT
ET DES SIFFLETS QUI ÉCLATENT

LA FORÊT EST UN THÉÂTRE DONT TU LONGES LA SCÈNE SANS FIN
TU SAIS À QUOI RÊVENT LES TORTUES, D'OÙ VIENNENT LES HOMMES

GIACOMO TE PROTÉGERA
TU SENS SES MUSCLES
SON APTITUDE À SURVIVRE
TU VOUDRAIS SURVIVRE AVEC LUI
PUIS VIVRE, SIMPLEMENT VIVRE
PERDRE ET GAGNER TON TEMPS

SEXUEL

LA LUMIÈRE TRANSPERCE LES FEUILLAGES
TU N'AS JAMAIS AUSSI BIEN RESPIRÉ
TU ENTENDS LA BRIGADE QUI SIFFLE ENCORE ET ENCORE
L'HOMME AVEC TOI COURT DE PLUS EN PLUS VITE
IL SPRINTE
TU ES HEUREUSE, TU ES

ORBITALE

IL Y A DAVANTAGE DE SOLEIL
IL COULE PARMI LES ARBRES COMME LE LAIT D'UNE POITRINE
TU VAS T'EN SORTIR
TU CROIS EN L'AMOUR

MENTAL

TU SENS LA FIN PROCHE
GIACOMO A RALENTI SA COURSE
VOUS ALLEZ PRENDRE À GAUCHE, VERS LA MER
ET VOUS AIMER
ENCORE

TU ES BIEN À PRÉSENT
DÉTENDUE
LUCIDE

TU OUVRES LES YEUX PEU À PEU
DESCENDS DE SON DOS

IL EST ÉCORCHÉ, COUVERT DE POUSSIÈRE ET DE SUEUR
POUR TOI
GIACOMO

JE SUIS CAPABLE DE TOUT

IL EMBRASSE TA POITRINE, POSE UNE MAIN SUR TON SEXE.

TU LÈVES LES YEUX VERS L'AZUR

IL NE FAUT PAS RESTER ICI.

ZONE D'EXERCICES MILITAIRES, ACCÈS INTERDIT
ARTICLES 413-5 ET R 644-1 DU CODE PÉNAL
DANGER DE MORT

Nous avons marché vers la mer en longeant le grillage militaire. Le chemin était désert, blanchi par la lumière. Le mur de métal faisait trois fois ma taille et s'achevait par des fils barbelés. Drôle d'endroit pour nos peaux nues… Cette pensée m'a excitée. J'avais encore un peu de temps avant de rentrer, je voulais profiter à fond de la journée, mes vacances de cadre sup, malgré mes six semaines annuelles, me semblaient bien vides au regard du rendez-vous merveilleux, encore plein de promesses, que m'offraient Giacomo et ses bottes de sept lieues. Derrière l'enceinte s'étendait une sorte de no man's land négligé, une végétation rase au-delà de laquelle il était difficile de comprendre quel type d'activité pouvait bien se dérouler. Quel gâchis, on aurait pu installer sur ce site un parc d'éoliennes formidable, de quoi alimenter en électricité l'ensemble de l'île avec un réseau de câbles sous-marins. Les machines auraient tourné à plein régime les jours de vent d'est et la suractivité en période venteuse aurait largement compensé l'inertie des pales aux beaux jours. Si l'on m'avait confié la direction d'un tel projet, j'aurais négocié serré avec les constructeurs et empoché une sacrée prime. Je connaissais les modèles par cœur, la qualité des matériaux, les performances des rotors. Je savais exactement quel type d'éoliennes convenait à quel type d'implantation. Tout le monde aurait été gagnant, «*green-green*» comme je dis souvent en négociation. Mais la folie des hommes préférait l'activité militaire au partage naturel des ressources. Au fond, nous n'étions pas du même vert.

Nous avons aperçu la mer sur le versant sud de l'île. Elle était lente et sereine, comme moi. J'ai soudain eu envie de Giacomo. Pas simplement en pensée à cause du grillage, mais en acte, grâce à la présence de la palissade interdite. Ma vie fantasmatique avait compensé ces dernières années la médiocrité de ma sexualité avec des hommes peu intéressants aux quatre coins du globe. Maintenant que j'en avais un bon sous la main, pas question de le laisser filer… Et puis tant que nous n'avions pas pénétré l'enceinte militaire, nous n'étions pas en infraction. J'ai regardé à droite et à gauche et j'ai dit à Giacomo: «Enlève tes rangers.» Il a compris tout de suite. Ses pieds étaient trempés de sueur. Je les ai longuement caressés, avec mes doigts qui traçaient une ligne oblique de l'hallux au giacomus. J'ai dit à mon amoureux de se mettre en croix contre le grillage, comme le Christ, comme une éolienne, et j'ai sucé ses six doigts de pied. Tout d'abord d'un coup, puis un par un, en profitant des bons sucs minéraux qu'exsudait sa peau – je crevais de soif mais n'osais le lui dire, sa boisson bleue avait disparu avec l'abandon de son sac à dos. Puis j'ai enlevé une à une les échardes sur ses jambes et ôté le sang de ses égratignures du bout des doigts, avec ma salive, en recommençant l'opération plusieurs fois et en m'essuyant les mains dans l'herbe – je ne me sentais pas encore prête à boire son sang, son sperme, pourquoi pas, mais son sang, non. Giacomo m'a dit de prendre sa place et de regarder l'horizon. J'ai obtempéré, les mains sur le grillage brûlant, peu à peu crispées de plaisir. Giacomo m'a dit : « Heureusement que le grillage n'est pas électrifié. » Je lui ai répondu : « C'est toi mon électricité », et j'ai joui en finissant ma phrase. Puis je me suis mise le dos contre la palissade et Giacomo m'a prise de nouveau. Mes cuisses étaient serrées autour de ses hanches, je sentais le métal qui entrait dans ma peau et me saisissait à vif, comme une viande. C'était la fin de l'après-midi, déjà.

Il y a eu un bruit de moteur. Giacomo est sorti de moi. Un véhicule de l'armée s'est arrêté, avec deux militaires à bord. Oh non, on allait encore nous demander nos papiers. Peut-être qu'un avis de recherche avait déjà été émis suite à une plainte des Brigades vertes. On allait nous arrêter…

— C'est pas par là l'entrée ! a dit le chauffeur en ôtant son béret, un jeune en treillis qui n'arrêtait pas de me reluquer.

— Quelle entrée ? a demandé Giacomo en fixant ses pieds nus.

— Ben, l'entrée, quoi. L'entrée pour l'opération portes ouvertes de la journée nationale du Patrimoine. C'est bien ce que vous cherchez, non ?

— Oui, oui, l'entrée, a dit Giacomo en me regardant.

— C'est nous la navette.

Nous sommes montés à l'arrière. J'étais encore trempée, serrée tout contre Giacomo qui laçait ses rangers.

Après les épaules de mon homme, un 4 × 4 de l'armée française.

Nous étions maintenant de l'autre côté du grillage et je n'étais toujours pas en danger de mort, comme annoncé. Je me sentais au contraire vivante, plus que jamais vivante, vivante comme je ne l'avais plus été depuis des années, affamée de vie. Une route bitumée défilait depuis trois ou quatre kilomètres, surplombant la mer, déserte elle aussi, hors du temps. Je jouissais d'un spectacle sans pollution – si ce n'est les répugnants gaz d'échappement qui refluaient sur nos peaux et couvraient ma poitrine d'une fine pellicule noire. Je voyais le monde tel qu'il était depuis des millions d'années, sans l'intervention de l'homme, à quelques dizaines de kilomètres seulement à vol d'oiseau d'endroits prestigieux mais tellement surfaits, comme Saint-Tropez ou Cannes, où les people du monde entier se draguent sitôt la nuit tombée en smoking et robe de gala, dans une sincérité fallacieuse, une pure relation consumériste de sexe et de paillettes. Je me sentais heureuse, en harmonie avec le monde et la nature, un truc à partager non pas en septembre avec les clients lors d'un déjeuner d'affaires, mais avec les yeux, tout de suite, auprès de Giacomo, dont le pouce caressait dangereusement ma cuisse. Un constat s'imposait : c'était mon jour de chance. Le soleil toucherait dans une heure la ligne d'horizon et il me faudrait rentrer, avant un dîner aux chandelles et une soirée que j'imaginais déjà au top. J'aurais aimé prévenir Neko de mon probable retard mais je n'avais pas de téléphone, il n'était plus dans mon sac, j'avais dû le faire tomber dans la précipitation, ou on me l'avait volé, mais qui, le voyeur des Brigades vertes ? Bah, ma fille était autonome et certainement contente que je lui foute la paix, une ado de dix-sept ans et sa mère l'une sur l'autre toute la journée en vacances, c'est compliqué, et puis je lui avais laissé trente euros en cas de besoin. Il fallait juste que je ne m'éternise pas avec ces militaires dont je ne comprenais même pas qu'on ait pu les laisser s'installer sur cette île au goût de paradis.

Nous avons rejoint un groupe de camions équipés de lance-missiles pointés vers le large. On nous attendait, deux gradés en tenue de camouflage. Des lunettes de combat infrarouge occultaient la moitié supérieure de leur visage. Me concernant, ils n'en avaient guère besoin pour tout savoir de ma tenue de naissance. Le rapport de forces visuel était inégal mais je tiendrais bon, je m'étais suffisamment battue dans ma vie professionnelle et sentimentale pour ne pas avoir à me décomposer devant une poignée de bidasses. À titre personnel, quitte à me trouver embarquée dans des obligations mondaines pour la journée du Patrimoine, j'aurais préféré la compagnie de la présidente de la République et du Premier homme de France au fort de Brégançon, mais il fallait positiver : dans une petite heure nous serions libres, moi et mon amant, loin de tous ces yeux en armes, et ce serait alors moi et Giacomo le premier couple de l'île, mon mec le Premier homme et moi l'Être suprême. J'étais tout de même gênée. Les militaires n'avaient d'égards que pour ma personne, aucun pour les deux touristes qui attendaient le début de la visite – un couple en surpoids d'une trentaine d'années, eux aussi adeptes de la vie naturelle. Ils étaient tatoués sur le ventre, un dragon s'emparant d'une princesse pour elle, une mitraillette en sautoir pour lui.

Un Antillais plutôt séduisant qui ressemblait à Barack Obama a pris la parole, à côté de celui qui devait être son assistant, plus jeune et certainement de rang inférieur – il avait une tête de petite frappe, me toisait comme s'il n'avait jamais vu de femme nue sur un terrain militaire.

— Bonjour à tous, je suis le capitaine Dufrénot, du 54e régiment d'artillerie de Hyères-les-Palmiers, assisté ce jour du sergent Petitcorps. Vous êtes ici sur le site DGA Essais de missiles du Levant, qui dépend comme son nom l'indique de la Direction générale de l'armement. C'est la dernière présentation de la journée, profitez-en, ça n'a lieu qu'une fois par an. Nous avons eu beaucoup de monde aujourd'hui. Des gens comme vous.

(Des gens comme nous ?! Des gens comme nous ?!)

— Cette affluence le montre clairement, l'armée, ce n'est pas le bagne… Je répète : l'armée, ce n'est pas le bagne… Y en a-t-il parmi vous qui ont compris à quoi je fais allusion ?

(Tout le monde s'est regardé mais personne n'a répondu. La femme n'avait pas l'air de m'apprécier, sûrement à cause de mon physique supérieur au sien.)

— Non, personne ? Eh bien sachez que dans la deuxième moitié du XIXe siècle, il y a eu un bagne pour enfants ici.

À l'époque, l'île, ce n'était pas encore la *dolce vita*, si vous voyez ce que je veux dire…

(La jeune femme s'est mise à glousser, les bourrelets de son ventre animant soudain le dragon. Son compagnon aussi a ri, sa mitraillette partant dans tous les sens, comme s'il nous tirait dessus.)

— Maintenant, chers compatriotes, un petit bond dans le temps. En 1955, le Centre d'essais et de recherche d'engins spéciaux, le Ceres, s'installe sur l'île, près d'Héliopolis et des gens qui portent votre uniforme.

(Des gens qui portent notre uniforme ?! Des gens qui portent notre uniforme ?!)

— Le Ceres est l'ancêtre du CELM, le Centre d'essais et de lancement de missiles que nous allons vous présenter aujourd'hui. Au fait, vous savez pourquoi on lance des missiles sur le Levant ?

— Parce que vous êtes des flèches ! a spontanément osé le jeune homme.

— Bravo, vous êtes le deuxième de la journée à connaître la plaisanterie préférée des artilleurs levantins.

— J'ai un cousin au 35e régiment d'artillerie parachutiste de Tarbes, a dit le visiteur en rougissant.

— Respect. Ils viennent régulièrement s'entraîner ici… Comme une fois par an l'infanterie légère d'Héliopolis !

Allez, ne faites pas cette tête madame, vous me fusillez du regard, portez haut les couleurs de votre nation !

(Les couleurs de notre nation ?! Les couleurs de notre nation ?!)

— On va continuer nos explications au QG, suivez-nous la compagnie, a dit le sergent Petitcorps, sourire aux lèvres.

— Attendez, une dernière question pour tester la culture militaire de nos concitoyens, a exigé le capitaine. N'est-ce pas la journée du Patrimoine ? Il a plongé son regard dans le mien et a demandé : Quel est le plus grand voyeur de l'histoire de l'île ? Je compte jusqu'à trois. Un, deux, trois… Personne ne sait ?

(Personne ne savait, je sentais le jeune visiteur déçu. Ça calmerait ses ardeurs de chien de guerre, avec son tatouage qui invitait à la violence plutôt qu'à l'amour, comme celui que je découvrais ce jour avec Giacomo, dont les doigts étaient mêlés aux miens.)

— Il s'agit de l'amiral Nelson, vainqueur de Trafalgar en 1805, a révélé le gradé, une pointe de désespoir au fond des yeux. En 1804, cette pourriture était basée sur l'île pour traquer les bateaux d'approvisionnement militaire qui cherchaient à gagner l'arsenal de Toulon. Maintenant, veuillez nous suivre.

Nous sommes montés à l'arrière du plus gros des trois camions, qui dissimulait une salle de commandement pourvue de l'air conditonné, d'une dizaine de postes informatiques et d'écrans de contrôle. La moindre parcelle du monde extérieur était sous surveillance. Une fontaine à eau nous attendait. J'ai bu trois gobelets glacés à la suite, sous l'œil suspicieux du sergent. Le capitaine est reparti dans ses devinettes.

— Est-ce que quelqu'un connaît le Mistral ?

— Oui, ai-je répondu non sans une pointe de fierté, heureuse de pouvoir m'affirmer devant Giacomo et ce cuistre. C'est un vent catabatique de couloir nord-ouest à nord, particulièrement actif dans la vallée du Rhône, qui peut atteindre une vitesse de cent trente kilomètres / heure, et qui met à l'épreuve les éoliennes les plus résistantes.

— Perdu ! m'a répondu le capitaine. Le Mistral est un missile transportable anti-aérien léger d'une portée de cinq à huit kilomètres à vocation sol-air et d'utilisation simple...

(La fille a éclaté de rire, contente de ce camouflet. Puis le capitaine a lancé une vidéo : un militaire, genou au sol, harnaché d'un lance-missiles, en train d'activer une frappe.)

— Est-ce que quelqu'un connaît d'autres types de missiles ? a demandé le sergent.

— Le Tomahawk, a dit le cousin du para de Tarbes.

— Oui, mais c'est américain. Et des missiles de fabrication française, les meilleurs ?

— Moi, je connais les missiles antinavires Exocet, les missiles surface-air Aster, et aussi les missiles de croisière navale Scalp, a dit Giacomo, exalté. La base du Levant possède quatre polygones immergés pour les essais de missiles sous-marins dirigés, c'est un site privilégié pour les tests de missiles en condition réelle.

(Les deux militaires se sont regardés. Le jeune visiteur a opiné du chef. Sa copine m'a lancé un regard noir.)

— Vous ne seriez pas un peu espion, par hasard ? a demandé le capitaine.

— Non non, dans ma jeunesse j'ai voulu m'engager.

— Je comprends mieux pourquoi vous portez des rangers. Et qu'est-ce qui vous a retenu de le faire ?

— Une... malformation.

— Désolé.

(Oh, Giacomo... J'ai alors compris ta blessure secrète, celle qui me plaisait tant. Mais tu ne te rendais pas encore compte de l'avantage décisif qu'elle t'apportait ce jour : comment aurions-nous pu nous rencontrer si tu avais fait carrière ? À l'écran je voyais la mer et la terre devenir rousses. J'avais hâte que cela se termine, je voulais profiter des dernières heures du jour avec toi, mon amour.)

— Y a-t-il des risques de pollution avec le parc naturel de Port-Cros juste en face ? a demandé le jeune homme.

— Nous utilisons des missiles non polluants, a répondu le capitaine.

— Et la sécurité ? a demandé la fille.

— Aucun danger. La zone maritime interdite est dix fois plus vaste que la zone de test des missiles, a dit le sergent.

— Où sont les ennemis ? a demandé Giacomo.

— Nous ne les voyons pas mais de nos jours ils sont partout, a constaté le capitaine.

— Et les risques d'espionnage ? a encore demandé Giacomo, à qui j'ai serré fort la main pour lui faire comprendre que je voulais partir.

— Les risques sont réels mais nous sommes dissuasifs, a précisé le gradé. Notamment grâce à la qualité de nos écoutes sous-marines. Quant aux drones civils qui violent notre espace, nous les éliminons systématiquement.

— Combien par an ? a demandé Giacomo, insatiable.

— Vous, vous avez vraiment un profil d'espion… Je n'ai pas le droit de le dire, secret défense. Pas d'autres questions ? Très bien, après la théorie, la pratique.

— Au fait, quelqu'un a l'heure ? a demandé le sergent, l'air inquiet.

— 19 h 12, a dit la fille, contente de se montrer utile.

— Faux, lui a répondu le militaire. Ici on fonctionne en heure Zulu, l'heure universelle. Il n'est que 17 h 12 au soleil, vous avez le temps pour l'apéritif.

— Sortons, a dit le capitaine qui riait sous cape.

C'est moi que notre hôte a choisie pour faire la démonstration d'un tir Mistral. Cette désignation ne m'a pas vraiment étonnée, j'ai toujours été vernie pour les promotions, mais ma rivale, elle, ne s'en est pas remise : j'étais mince, mon mec musclé, et en plus j'étais l'élue du capitaine… Si elle avait eu un lance-missiles entre les mains, elle m'aurait désintégrée sur-le-champ. Le sergent m'a demandé si j'étais capable de soutenir un bébé de 19,5 kilos. Je l'en ai assuré. Il a placé dans mes bras un long tube d'acier de deux mètres de long. « Le vrai Mistral, madame. » Je l'ai soupesé, il n'aurait pas fallu qu'il tombe sur mes pieds. Giacomo me dévorait des yeux, un peu jaloux. Le sergent a ajusté sur ma tête un casque et des lunettes d'artilleur, avant de charger le projectile sur une rampe de lancement. Je me suis assise au poste de tir. Ma poitrine a touché le banc de contrôle et j'ai senti mes tétons durcir, le métal du siège a brûlé ma peau et j'ai senti mon sexe s'ouvrir. J'étais une femme soldate. J'ai regardé dans le viseur. Je ne voyais que le soleil effondré dans la mer. « Une cible va apparaître. Vous imaginez que c'est Daesh, Al-Qaïda et Boko Haram réunis. Dès que vous l'apercevez, vous dites : "Feu !", et vous appuyez sur le déclencheur. » L'exercice me paraissait simple, et puis j'étais heureuse de briller devant Giacomo. Je révisai mon jugement sur le capitaine : au fond, il m'appréciait. « Surtout pas de stress, le sergent va vous assister. Ce sont des missiles *tire et oublie*, guidés par un autodirecteur infrarouge. Une fois parti, le projectile cherche sa cible tout seul. » Au bout d'une trentaine de secondes, je ne voyais toujours rien. Le capitaine m'a dit de me montrer patiente, l'observation faisait partie de l'exercice. Un oiseau est soudain apparu dans le viseur. Un oiseau de mer embrasé dans la lumière solaire. Il s'est mis à descendre vers moi.

Je l'ai vu s'approcher, grossir, les ailes en feu. Il était de plus en plus proche, m'a paru tout à coup énorme. Il a lancé une rafale de flashs dans ma direction, comme s'il me prenait en photo. J'ai compris : c'était la cible. J'ai dit : « Feu ! » L'index du sergent a accompagné le mien. Le missile s'est élevé, a filé vers l'objectif. L'oiseau a disparu. « Mais le drone ne s'est pas manifesté, pourquoi avez-vous tiré ? » m'a demandé le capitaine. La fille n'a pu s'empêcher de pouffer. Le missile a continué de s'élever, de filer vers le soleil, avant de disparaître. « Bon, ce n'est pas grave, vous recommencerez l'été prochain. »

Un véhicule militaire nous a raccompagnés à l'entrée du site.

Le couple est parti à droite, nous à gauche.

Nous étions enfin libres, moi et Giacomo. Du bon côté du grillage.

QUELLE HEURE EST-IL, DOCTEUR LOVE ?

Le Narita Express (N'EX), train de liaison entre l'aéroport international de Narita et Tokyo, file vers le centre de la capitale nippone sur fond de gratte-ciel livides, hachuré de gris, pluie de béton sur l'horizon existentiel de Tomoaki de retour de San Francisco (pull col roulé noir, rose blanche à la poitrine, lunettes noires de star en deuil). À sa gauche, par-delà l'allée centrale, un joli blond (tête de jeune lord en souffrance à la chevelure romantique déstructurée), assis près d'un joli brun (tête de chanteur électro-pop aux yeux de ténèbres rectangulaires et blancs), arrache soudain son bracelet-montre, et le piétine en hurlant : « Je ne t'ai jamais aimé et ne t'aimerai jamais ! » Le hacker se tourne brusquement vers eux, en alerte, plein d'espoir. « Tu m'as trahi ! » crie deux places plus loin un autre dominé. « Tu as voulu me faire croire que je t'aimais alors que je ne t'aimais pas, puisque c'est toi qui m'aimais et voulais que je t'aime sans t'aimer : je ne veux plus t'épouser ! » hurle une nouvelle victime dans le dos de Tomoaki. Des scènes de ménage entre jeunes femmes aux traits virils éclatent partout dans la rame. Comme s'il s'agissait d'un voyage de fiançailles totalitaire à bord d'un train loué pour l'occasion, un voyage de groupe où le début serait la fin. « Tu as violé mon cœur ! » Tomoaki a les yeux grands ouverts (ronds, exorbités, hallucinés, la prunelle noire brillante, disproportionnée, couverte de petites étoiles blanches) : l'antivirus Good Love Makers commence à agir. « Tu m'as violé ! »

C'est maintenant, horizontalement, sur le bas de la page, un pugilat androgyne à cinquante combattants, une masse de traits jetés, griffés, épousant de la droite vers la gauche la vitesse cinétique du N'EX dans une courbe, sur un pont, au-dessus d'un lac, de sorte que les personnages semblent penchés d'un quart, prêts à tomber les uns sur les autres (tandis que le menton de Neko s'est légèrement remonté, son cou tendu, ses épaules rentrées, sa respiration accélérée). « Ne m'approche plus ! »

Le train entre en gare de Shinjuku.

Tomoaki s'extirpe de la cohue et descend tant bien que mal, choqué, enthousiaste, le col de sa veste relevé pour davantage de discrétion : la deuxième gare du monde est bondée de jeunes hommes en larmes, seuls, des montres connectés en miettes à leurs pieds. Les forts sont devenus les faibles, les faibles les forts, et déjà des voitures de nettoyage tentent de déblayer les écrans qui jonchent le hall, éparpillés comme des morceaux de verre. Un fin sourire erre sur les lèvres du hacker. (Un fin sourire erre également sur les lèvres de Neko. Elle aussi reprend espoir, alors que le soleil, penché vers l'ouest comme le N'EX sur la courbe d'un pont de Tokyo, commence à tranformer la mer en un immense cocktail rouge sang. Mais la jeune fille à la peau transpirante n'a pour le moment soif que de lecture et tourne de plus en plus vite les pages du tome 5 de *Bad Love Hackers*, le dernier de la série, propulsé vers sa fin.)

Loin de Tokyo, le visage de Kinji, pleine page et comme couvert d'un masque de plâtre en train de s'effriter, est aspiré par l'écran qui occupe la moitié d'un mur de sa geôle, réceptacle des sentences inversées par l'antivirus verbal Good Love Makers. « Pauvre naïf, je ne t'ai jamais aimé et ne t'aimerai jamais ! » Il pleure et ses larmes coulent sur la corde qui attache ses mains et une larme plus grosse qu'une autre, de la taille d'un œil – « Je t'ai menti, tu n'es rien pour moi ! » –, achève de ronger, par l'acidité biochimique du chagrin et de la rancune – « Je suis dans l'obligation de t'avouer que je te hais » – les liens qui l'entravent – « Je ne veux plus te voir, jamais, c'est un ordre ». Kinji est enfin libre. « Plus jamais ! » De corps et d'esprit.

La page de droite est divisée verticalement par la moitié des visages de Kinji et Manjiro, qui s'opposent. Une bulle, sous les lèvres entrouvertes de Kinji, laisse apparaître la vérité ultime du face-à-face entre l'attaquant sexuel et son mignon : « *Game over* », Manjiro ! (« *Game over* », susurre la lectrice, comme pour confirmer dans le monde réel l'acte de décès du couple Kinji / Tomoaki.)

La main de Kinji se déploie et gifle son geôlier, dont le visage vacille, marqué par les doigts qui l'assaillent. Sa joue est lacérée par quatre traits noirs, sa mâchoire marquée par une plaie plus petite, d'où s'échappe une goutte de sang :

l'empreinte de la bague de fiançailles passée à l'auriculaire de Kinji.

« Ne m'abandonne pas, Kinji, je t'en supplie ! Nous avions tant de choses à vivre ensemble. »

Le hacker maléfique pleure à présent, seul et pusillanime dans un fauteuil club, au milieu d'une pièce monumentale de sa demeure secrète, silencieuse et vide, jonchée de pétales fanés : Kinji, nooooonnnn !!! (*Et si tu n'existais pas / Dis-moi pourquoi j'existerais ? Pour traîner dans un monde sans toi / Sans espoir et sans regret,* chante Iggy Pop reprenant Joe Dassin sur la puissante sono du Sun Beach Club montée pour la soirée sur un podium de gala. *Et si tu n'existais pas / Dis-moi pourquoi j'existerais ?* chantonne la lectrice, ragaillardie par cette inattendue connexion avec le monde extérieur, les yeux fixés sur la figure de Tomoaki libéré.)

Manjiro sort de sa prostration et consulte son PC dans son bureau, près d'une photo sous cadre de Kinji nu. « Tu n'es pas fait pour l'amour et à vrai dire tu n'es fait pour rien, à peine pour l'utilisation du logiciel Word », lui dit son écran. Le hacker déchu fracasse au sol son matériel informatique. (*Et si tu n'existais pas / Dis-moi comment j'existerais ? Je pourrais faire semblant d'être moi / Mais je ne serais pas vrai*, chante Iggy Pop à quelques mètres du transat où lit Neko épanouie, dans un monde bleu, jaune et mordoré, comme les peaux sur le rivage. Elle ferme son livre et prend dans la glacière un Mars et une bouteille d'eau tiédie.)

Dans une heure, je serais de retour à la plage et présenterais Giacomo à Neko. Nous prendrions un verre ensemble, il est toujours important pour une ado de découvrir son futur beau-père, puis j'irais au restaurant avec mon amoureux, peut-être à la Pomme d'Adam, la meilleure table du Levant. J'avais envie d'une coupe de champagne pour fêter l'événement mais à part la sueur de Giacomo, je n'avais rien à me mettre sous la langue. Oui, vraiment, j'avais hâte que ce moment arrive : je tenais pour ma fille un père potentiel au-delà de tout espoir.

Le chemin était désert mais surtout silencieux, glissant vers le soir, pris dans une lumière douce, comme si le soleil était passé en mode led, diffusant la même idéale lumière que celle requise pour la lecture d'un bon livre de développement personnel, l'hiver, au fond d'un canapé. Giacomo caressait machinalement ma poitrine. Il semblait fatigué. Était-il déçu de ne pas avoir effectué lui-même le tir de missile ? Je n'osais le lui demander. Pourtant, il ne fallait pas que notre relation se tisse sur des non-dits – ce n'est jamais bon pour le couple, à quarante ans je le sais d'expérience.

J'ai tenté de surmonter mon appréhension. « Giacomo, tu aurais aimé lancer le missile tout à l'heure, sois franc ? » Il s'est essuyé le front. « D'un côté oui, mais ça aurait ajouté des regrets à mon rêve de jeunesse. Je suis vraiment content que ce soit toi qui l'aies fait à ma place, et pas l'autre fille, qu'on aurait dû utiliser comme projectile. En fait… je crois que ça m'a excité de te voir au poste de tir. » Ma présence lui faisait effectivement un effet terrible… Je l'en ai remercié au milieu du chemin.

Nous sommes repartis, joyeux comme des enfants sans montre. Giacomo m'a assuré qu'on prenait le parcours le plus rapide, j'avais pourtant l'impression que nous marchions dans une étuve depuis une éternité. Où étions-nous ? Nous avons traversé une pinède dans la pénombre, puis retrouvé la clarté du crépuscule. J'ai deviné au loin un ensemble de maisons mais nous avons tourné à droite, « un raccourci », m'a dit Giacomo, et nous nous sommes retrouvés à l'orée d'une colline boisée, près d'un cimetière qu'on avait sûrement excentré pour que son existence ne donne pas de chagrin aux touristes. Nous avons longé son mur de pierres dévoré par les ronces quand mon homme m'a proposé de le visiter – « profitons-en, on n'est plus qu'à vingt minutes de la plage ». Pourquoi pas ? Un cimetière en amoureux pour notre première journée, ça avait du peps.

Nous avons franchi une grille sans serrure. L'enclos funéraire ressemblait à un petit théâtre antique composé de tombes anciennes, en ciment ou en granit, sur un sol de terre. Nous avons suivi l'allée principale, flâné dans les travées, à l'ombre des pins maritimes et des oliviers – j'entendais les cigales invisibles et la respiration de plus en plus rapide de Giacomo.

Nous nous sommes arrêtés devant une énorme roche surmontée d'une croix sur laquelle étaient fixées plusieurs plaques de laiton avec une liste de noms : une stèle qui rendait hommage aux enfants bagnards morts sur l'île dont nous avait parlé le militaire. J'ai senti Giacomo ému, sa casquette à la main. « Chienne de vie », a-t-il murmuré. Des bagnes pour enfants : l'homme était capable du pire – mais Giacomo du meilleur.

Nous avons continué notre traversée. Les tombes anciennes succédaient aux tombes anciennes, comme un souvenir du temps où l'on se faisait enterrer.

Coup de chance, nous sommes passés devant le point d'eau pour l'arrosage. Nous avons bu et bu encore, rafraîchi nos peaux, puis nous sommes repartis avec un arrosoir rempli à ras bord – ce serait notre apéritif sans alcool, avant le vrai. Giacomo m'a soudain proposé de m'allonger sur une tombe, « pour faire une pause ». Au point où j'en étais, pourquoi pas ? Je commençais à le connaître, mon Giacomo. Il a choisi une sépulture. Elle était d'une blancheur usée, plantée dans la terre comme une dent de travers et couverte sur ses extrémités de mousse à demi brûlée. Des fleurs fanées avaient été placées devant la stèle dans des bouteilles de bière pleines de mégots. Sûrement de jeunes îliens en mal de repères sociofamiliaux. Giacomo a mouillé la pierre pour en chasser la poussière et les résidus végétaux. Celle-ci a blanchi aussitôt, comme affamée d'eau et de lumière, peut-être contente de voir du monde. J'ai tenté de lire le nom de son propriétaire mais quelques lettres manquaient, effacées par le temps, ainsi que les années de naissance et de mort :

F E ERIC   C RIEZ 1 71 – 20 9

Seule avec mon mec encore un petit moment avant de retrouver ma fille, sur la tombe d'un inconnu qui ne pouvait pas nous voir… Je n'ai pas dit non, d'autant plus que j'avais les pieds en compote. J'ai juste posé une condition à Giacomo : « Enlève tes rangers. » Il a souri. On s'est couchés sur la pierre humide. Je me suis sentie tout de suite merveilleusement bien, ouverte comme jamais sur ce solarium de plein air. Giacomo a posé une main sur mon sexe. J'ai fermé les yeux.

Je voudrais m'habiller de toi.
Tu es gluante.

J'aime interpréter.
Ne me sous-interprète pas.

Tu me coacheras toujours ?
Je marche sur l'horizon.

Courir à tes côtés dans un champ d'éoliennes.
Tu es fleur bleue.

Hmmm…

Notre vie s'écrira comme un livre.
Ti amo.

Giacomo…

Je recherche une stabilité avec une personne convenable.
Tu as du potentiel.

La société crée des contraintes.
Je suis l'obligé de ton sexe.

Hmmm…

Nous ne sommes qu'à une heure du continent.
Te faire hurler, et peut-être te tuer.

Est-ce toi ou est-ce moi qui te parle ?
Je ne t'écoute plus.

Plus fort…

Ton sexe est tolérant.
J'apprécie ta franchise.

Ne me cache rien.
Tu traverses les apparences.

Hmmm…

C'est l'histoire d'un coach qui couche avec la Mort.
On ne peut pas t'entendre.

Tu es ma bouée.
Te noyer dans une mare.

Giacomo…

Que ferais-tu pour moi ?
Qui es-tu ?

Ma libido est en colère.
Moi aussi.

Oui… Oui…

Tu es plutôt lièvre ou tortue ?
Lévrier.

En… Encore…

Tu aimes la soupe de serpent ?
Je préfère tes sphincters.

Tais-toi un peu et…

Hmmm…

Ah ah ah ah… Ahhhhhhh…

Giacom… ohhhhhhhhhhhhhhhhhhhhhhhhhhhhhh !

Te donner ma vie.
N'hésite p… ahhhhhhhhhhhhhhhhhhhhhhhhhhhh !

Giacomo s'est levé. Je l'ai entendu faire quelques pas, puis uriner derrière la stèle. Au bout d'un moment, j'ai dit : « Giacomo ? Giacomo, où es-tu ? »

Il ne m'a pas répondu.

Je me suis levée à mon tour, j'ai regardé partout autour de moi, entre les tombes. Giacomo ?! Giacomo ?! Où es-tu ? Ne me fais pas de farce comme ça, je ne le supporterai pas !

Sur le bord encore sale de la pierre tombale, il y avait l'empreinte de ses six doigts de pied.

Je suis restée un long moment hagarde dans le cimetière désert. Comme une statue. Son sperme coulait entre mes jambes, à la commissure de mes lèvres. Puis j'ai senti de nouveau mon cœur battre. Peut-être avait-il eu un malaise et ne parvenait-il pas à se manifester. Il ne devait pas être loin. Il était en difficulté. Je me suis mise à le chercher. Giacomo ? Giacomo, mon petit trésor ? Mais seul me répondait le silence des sépultures éclaboussées de soleil. De temps à autre – c'est plus fort que moi, j'ai toujours aimé lire –, je parcourais le nom des morts sur les pierres tombales – des prénoms démodés, Hippolyte, Marguerite, Suzanne, Geneviève, accouplés à des patronymes locaux à la prononciation chantante, Limondale, Gasparini, Renalda, Borgio. Un doigt remua près d'une tombe. Non, un lézard effrayé. J'ai continué ma marche, ne négligeant aucune section du cimetière. Giacomo ? Giacomo, réponds-moi si tu m'aimes ! Mais plus il y avait de tombes, plus il y avait de noms – et aucune trace de mon amant.

Giacomo…

Je n'ai pas renoncé. J'ai fait le chemin à l'envers, erré longtemps dans les allées rougies par le crépuscule. Puis je me suis de nouveau trouvée face à la stèle érigée en l'honneur des enfant bagnards qui avait tant ému mon compagnon, y découvrant une plaque à laquelle je n'avais pas prêté attention.

> PASSANT, RETIENS LA CRUAUTÉ DE L'HISTOIRE.
>
> EN 1855, LE COMTE DE POURTALÈS ACHÈTE L'ÎLE DU LEVANT ET ACCEPTE L'OUVERTURE D'UN BAGNE POUR ENFANTS SOUS LE NOM DE COLONIE AGRICOLE SAINTE-ANNE, COMME L'Y AUTORISE UNE LOI PROMULGUÉE PAR LE RÉGIME DE NAPOLÉON III. CE CAMP DISCIPLINAIRE SERA OUVERT DE 1861 À 1878. SUR LES MILLE ENFANTS QUI Y SÉJOURNERONT, UNE CENTAINE N'Y SURVIVRA PAS. PASSANT, NE LES OUBLIE PAS.

Giacomo ! Giacomo ! Rien à faire, il avait disparu. Je me sentais glacée, et surtout abusée. Je me suis souvenue que je devais retrouver Neko. J'ai regagné la sortie, puis marché le long du chemin, longtemps, très longtemps, jusqu'à ce que je distingue un hameau. Je n'avais plus de larmes pour pleurer, j'avais trop joui, je pense. Qu'est-ce qui avait bien pu se passer dans la tête de l'homme que j'aimais, dans la tête de celui avec qui tout semblait de nouveau possible ? Peut-être n'avait-il pas supporté l'excès d'amour que je portais en moi, peut-être n'avait-il pas supporté la soudaineté du bonheur avec une femme prête à s'engager pleinement, sans arrière-pensées.

Un jeune homme m'a doublée à vélo. Il s'est retourné, puis arrêté. Il allait à la plage. Il m'a proposé de monter à l'arrière. Je gagnerais du temps, j'étais épuisée, j'ai dit oui de la tête, sans même pouvoir parler. C'était un vieux vélo hollandais sans suspension qui faisait mal aux fesses. Le porte-bagage rentrait dans ma chair, comme le grillage de l'enceinte militaire contre lequel Giacomo m'avait prise. Le cycliste avait à peine vingt ans. Il me dévisageait de temps à autre, j'avais peur de chuter. Il s'est arrêté à l'entrée d'un bosquet de chênes-lièges, m'a proposé de faire l'amour, « pour bien commencer la soirée ». Je lui ai dit : « Pour qui tu me prends ? Tu as l'âge d'être mon fils ! » et j'ai décidé de finir le chemin à pied.

La dernière planche du dernier tome de *Bad Love Hackers* hypnotise Neko sur son transat du Sun Beach Club, alors que le soleil décline et embrase la Méditerranée. L'image montre les retrouvailles charnelles de Kinji, libéré de l'emprise psycho-numérique de Manjiro, et de Tomoaki, son véritable amant. Les deux jeunes hommes sont couchés pleine page sur un lit de pétales sombres – roses, tulipes, ou œillets. Ils sont nus, blancs, longs, à peine musclés. La main de Tomoaki est plongée dans les cheveux en bataille de son amant. Leurs visages superposés sont tournés vers la gauche, comme deux oreillers l'un sur l'autre, légèrement décalés. Leurs lèvres sont entrouvertes, découvrant une barre dentaire uniforme et marmoréenne, comme si les personnages gémissaient.

— Tu viens jouer au volley ou quoi?

Neko lève les yeux. Elle semble paralysée, entre deux mondes, entre deux réalités, Jésus et le livre ouvert. Elle finit par dire: «Oui, je vous rejoins.» L'air absente, elle voit l'adolescent s'éloigner puis pose de nouveau son regard sur le dessin final, avant de fermer sèchement le manga.

Elle se lève, marche lentement vers les garçons qui l'attendent, tout d'abord gauche, comme après une longue désertion du monde physique, puis avec davantage de souplesse, comme revenue d'un autre espace-temps. Elle se place en silence parmi Jésus, Lucien et Wang à quelques mètres de l'eau à peine mobile, susurrante sur le rivage humide, bordé de lambeaux de posidonie. Elle reçoit le ballon de Wang, le renvoie à Lucien qui lui sourit. Les quatre adolescents portent des lunettes de soleil, seuls vêtements de leurs corps nus sur le sable blanc assombri par endroits, près de la roche où la souveraineté solaire ne s'exerce plus et qu'ont désertée les adeptes estivaux de la vie naturelle pour s'amasser par grappes plus compactes sur la partie encore ensoleillée de la plage. Leurs corps sont nus et tous les corps des vacanciers sont nus et les parties pubiennes des nouveaux camarades de Neko sont épilées, ainsi que celles de la majorité des touristes d'Héliopolis, cependant que le pubis de la jeune lectrice arbore un triange de poils sombres dessinant des vagues nerveuses, figées sur leurs crêtes. Neko est séparée de Jésus par une ligne imaginaire tracée dans le sable, et joue au côté d'un adolescent circoncis au gland très rose, lui-même situé face à un adolescent au teint maladif, aux jambes et au prépuce longs, au cou court ceint d'une chaînette en or et d'une médaille de communion représentant la Vierge Marie, au bras entouré d'un brassard de plastique étanche protégeant son iPhone. Les trois garçons et la fille s'échangent le ballon, les mains tantôt jointes et baissées, tantôt hautes et séparées, les paumes ouvertes vers le ciel vide qui accueille les trajectoires de l'objet transitionnel. Jésus lance trois fois plus le ballon à Neko qu'à ses camarades tandis que la jeune fille tente d'équilibrer la distribution du jeu, en une sorte d'intuitive régulation de la civilité (pendant que les trois garçons la dévorent de leurs yeux invisibles – ses cheveux mi-longs à l'ondulation végétale, vaguement anglaise, champêtre, son front et son menton souillés d'acné, son nez presque grossier, son corps sans hanches et sans fesses, son sexe immédiat, là, devant eux, pour eux, les garçons de plage venus d'Endoume, l'espoir accroché aux lèvres).

À quarante mètres, sous des palmiers aux troncs parcheminés larges comme des jambes d'éléphant, les techniciens du Sun Beach Club ont fini le montage du podium-animation. Ils boivent une pinte de bière marseillaise La Cagole alors que s'entend un remix de *La Madrague* (1963) de Brigitte Bardot par The Avener, sur fond de beats lourds, anti-nostalgiques, rétro-dynamiques, solaro-hypnotiques, et finalement apéro-sympathiques (*Sur la plage abandonnée / poum poum / Coquillages et crustacés / poum poum poum poum / Qui l'eût cru déplorent la perte de l'été / poum poum / Qui depuis s'en est allé / poum poum poum poum*). Sur la terrasse, la clientèle, globalement jeune, éventuellement familiale, mais aussi parfois senior, à la peau tachée de son, consomme autour de tables basses du vin rosé agrémenté de glaçons, près de coupelles d'olives et de calamars à la plancha. « Mesdames et messieurs, dans trente minutes commencera l'élection de miss et mister Sun Beach Club, une compétition conviviale où tout le monde vote, de sept à soixante-dix-sept ans », dit l'animateur en testant son micro, la cinquantaine, gras, la verge raccourcie par l'âge ou le volume ventral, les yeux bleu acier, de longues mèches de cheveux cendrés dépassant d'un chapeau de cow-boy. Une femme âgée, technophile, présidente ou membre du jury, ou épouse de l'animateur, ou les deux, ou rien, filme la séquence apéritive avec son téléphone, peut-être pour alimenter le cadre photo numérique posé sur la commode de son salon, où tourneront inlassablement des souvenirs d'été, cet automne.

L'activité mondaine d'Héliopolis semble à présent tendue vers les plaisirs du soir. La carte postale animée en mode panoramique montre des parasols qui se ferment. Des familles commencent à partir. Des corps allongés sur le sable se lèvent et marchent, comme de micro-résurrections. Des nageurs sortent de l'eau pour la dernière fois de la journée et disparaissent sur le chemin littoral, dans la lande, serviettes autour du cou, sandales aux pieds. Et déjà d'autres les remplacent. Des jeunes gens rieurs et beaux descendent le sentier menant à la plage, sans enfants, libres, le buste traversé en diagonale par des baise-en-ville ou des mini-sacs de cuir fluo Marc Jacobs (et peut-être se croisent-ils tous, ceux qui partent et ceux qui arrivent, comme les juillettistes et les aoûtiens sur l'autoroute A1, sur le chemin de ronde, près de massifs de chèvrefeuille gorgés de suc et d'insectes, embaumant l'air lourd, les partants saluant les arrivants, les arrivants méprisant les partants).

À une cinquantaine de mètres du Sun Beach Club, un homme, jumelles autour du cou, ôte le drapeau vert du mât jouxtant l'Algeco des surveillants de baignade, vestige dépouillé de ce qui, déjà, n'est plus. À sa droite, une jeune femme en train de grignoter un Speculoos, le coude entouré d'une gaze extensible, sort du poste mobile de l'Établissement français du sang, qui recrute des donneurs pour pallier les besoins estivaux des hôpitaux de la région PACA.

La lumière est splendide sur l'île d'Or à la roche scintillante, au maximum de sa générosité, prête à magnifier les corps les plus apprêtés ce jour par la Nature et la Société, et Neko et Jésus et son copain le circoncis et son copain le Blanc cassé continuent de jouer au volley, et la balle circule muette sous le ciel muet, entre personnes muettes, et le leader Jésus dit soudain : « Va falloir qu'on passe au camping prendre un T-shirt pour la soirée, tu viens Neko ? » et celle-ci répond, alors qu'elle renvoie la balle des deux poignets serrés devant son pubis, sa parole bondissant comme le soleil blanc qu'elle propulse : « J'peux pas, j'attends ma mère. »

Julie traverse un hameau sur le plateau supérieur de l'île, semi-hagarde, de la poussière collée à sa peau, des particules végétales jaunâtres dans les cheveux. Des insectes dansent autour de son front et ses épaules sont couvertes de piqûres de moustiques. Elle passe devant un jardin en fête caché derrière une haie d'eucalyptus, sort de la bourgade où elle ne croise personne mais entend des voix, continue sa marche sur une piste caillouteuse bordée de pins maritimes. Comme le chemin s'arrête sur un promontoire révélant un coteau en contrebas, elle réalise qu'elle s'est trompée.

VOUS N'UTILISEZ EN MOYENNE QUE 10 % DE VOTRE MENTAL.

Elle ne s'attarde pas, fait demi-tour, passe de nouveau devant le jardin où grillent des viandes derrière un portail bleu lilas. Elle aperçoit confusément un groupe d'hommes et de femmes jeunes qui rient autour d'une piscine – peut-être une maison de luxe en location. Elle a envie d'appeler au secours, de pleurer, de crier, de maudire le nom de son amant, de hurler celui de sa fille. Mais aucun son ne sort de sa bouche et elle reprend sa marche et choisit de tourner à gauche, vers la plage.

Être champion c'est être Dieu, tout seul.

Le hameau est maintenant dans son dos.

Puis il n'y a plus rien dans son dos.

Un paysage végétal où elle est le seul mammifère visible.

Ses yeux ouverts cillent de moins en moins et sa bouche aussi est ouverte. Le sang bout contre ses tempes. Elle voit un reptile filer entre deux rocailles : une couleuvre de Montpellier.

Celui qu'on cherche est toujours plus proche qu'on ne le croit.

Elle entre dans une zone de signes fastes. La civilisation ressurgit sous la forme d'un panneau ZNIEFF (Zone naturelle d'intérêt écologique, faunistique et floristique). Pour accompagner son entrée dans ce royaume rationnel, une coccinelle se pose sur sa main droite, qu'elle ne fait pas l'effort de chasser. Elle avance maintenant la main ornée d'un bijou rouge à points noirs. Passé ce territoire, elle en est sûre, elle parviendra à la plage, et il y aura Neko. Mais avant, elle voudrait qu'il y ait : Lui.

Il est là sans que vous le sachiez et même quand il n'est pas là il est là.

Un doux parfum de pomme envahit subitement l'espace, près d'un massif de germandrées de Marseille. Puis c'est un parfum de menthe aux accents de moutarde qui domine l'air et submerge son nez bouleversé. Un matou noir avec un collier vert sort d'un buisson et vient se frotter contre ses jambes. Il est affectueux, excessivement affectueux. Il semble en rut – et c'est le cas, euphorisé qu'il est par le parfum de l'herbe-aux-chats (germandrée *marum*) aux effets aphrodisiaques sur les félins bien connus des botanistes.

Il caresse les mollets de Julie de son chaud pelage, la suit, la flaire, la guide peut-être. Sa maison ne doit pas être loin.

IL VOUS ATTEND, IL EXISTE POUR VOUS AUTANT QUE VOUS EXISTEZ POUR LUI.

Elle désire soudain caresser l'animal, partager son affection. L'aimer. Elle le prend par le ventre, doucement, le serre contre son cœur. Mais il la griffe et crache et elle n'entend rien car il est muet. Elle le projette au sol et, dans la violence du geste, la coccinelle s'envole.

Elle est de nouveau seule parmi des espèces végétales aux puissances inconnues.

Sa poitrine saigne.

À sa droite, un arbuste couvert de fleurs à pétales violets, au cœur jaune languissant – la romulée de Florent.

À sa gauche, puis partout autour d'elle, des herbes aux feuilles en forme de cœur délicat.

L'AMOUR EST LA PLUS GRANDE DES RESSOURCES MENTALES.

Julie se penche pour cueillir une tige de tamier commun, l'herbe aux femmes battues.

Moi et les Marseillais on se fait des passes.

Jésus-moi, moi-Wang, Wang-Lucien, Lucien-Jésus, Jésus-moi…

Le vieux qui anime passe son micro à un jeune mec qui dit : Bonjour, je suis Alex, j'ai vingt-deux ans, je viens de Lyon. Il est bien foutu, grand musclé bronzé, mais pas partout, il a la marque d'un slip boxer sur la peau, ses bras sont tatoués et imitent les manches à carreaux d'une chemise bûcheron. Je travaille chez The Kooples, à la boutique des Galeries Lafayette du centre commercial Part-Dieu, mes deux passions sont la mode et le corps. Il a un nœud papillon autour du cou, les cheveux gominés coiffés en arrière. Il est rasé autour des tempes, avec une barbe longue hyper bien taillée. C'est un hipster. Il a un sexe de taille moyenne.

Moi-Lucien, Lucien-Wang, Wang-moi, moi-Jésus, Jésus-moi, moi-Wang, nos bras font des vagues. Arrête de mater les gadjos ! me dit Jésus. Le mec sur le podium se tourne. Il est taillé en V avec des épaules énormes et un cul minuscule, j'aime pas. Le public applaudit. Y a du monde partout, dans l'eau, sur le sable. Y en a qui sifflent parce qu'ils aiment, d'autres parce qu'ils aiment pas. Tu joues bien pour une fille !

dit Wang. En vrai c'est quoi ton sport préféré ? demande Lucien. Je réponds : le ping-pong. À deux ou à quatre ? demande Jésus. Ben à quatre, genre avec trois mecs en vacances. Bien oué-j' ! dit Wang, surtout te laisse pas faire Miko, Jésus s'la pète, il est né comme ça. Les trois garçons éclatent de rire et moi je dis : T'inquiète, je me laisse pas faire, et c'est parti pour le deuxième concurrent, y a un mec tout petit qui arrive sur le podium, bronzage intégral, musclé genre salle de muscu mais pas trop pour que ça se voie pas mais en fait ça se voit. Il a les cheveux gris, mister Muscle, il dit : Je suis Henri, Riton pour les copains, j'ai trente-sept ans, je suis magasinier à Montauban, je viens à Héliopolis depuis quatre ans avec ma femme Lydie et mes deux petits garçons Guillaume cinq ans et Romain sept ans, j'espère que mon corps vous plaira. J'aime pas du tout. Trop petit et puis trop vieux quoi, trop vieux. Le public applaudit moyen. Allez Riton ! crie un supporteur. Wang dit : En vrai t'en es où à l'école ? Je dis : Je passe en terminale littéraire, et toi ? Putain en littéraire t'es une intello, moi je vais en deuxième année vente / action marchande. Lucien dit : On est ensemble au bahut. Jésus dit : Moi je suis en bac pro métiers du pressing. Je dis : Ben à Héliopolis c'est pas la peine. Wang et Lucien rigolent puis Jésus rigole en retard.

Jésus-moi, moi-Wang, Wang-Jésus, Jésus-moi, moi-Lucien, Lucien-moi, moi-Wang. Miko, c'est quoi ta glace préférée ? demande Jésus. Je réponds : les Magnum. Du coup il ne répond rien. Lucien dit : les Magnum, *top gun !* Wang fait juste : hmmmm. Le soleil se couche sur le fort en face de l'île, j'aurais trop voulu y aller, maintenant c'est mort. Le vieux avec son chapeau de cow-boy dit au micro : Mesdames et messieurs, certains d'entre vous lèvent déjà la main, n'oubliez pas que c'est seulement après le deuxième passage des candidats qu'aura lieu le vote. Voici Renan. J'aurais aimé dire au Premier monsieur qu'il est mieux Premier monsieur qu'acteur. Son nouveau film est nul. Je lui ai mis une étoile sur Allociné.

Lucien-moi, moi-Lucien, Lucien-Jésus, Jésus-moi. Miko, tu connais le chanteur Mika ? demande Lucien, genre la blague Star Ac'. Je lui dis euh oui mais j'écoute pas. Qu'est-ce t'écoutes alors ? demande Wang. Ben elle t'écoute toi, dit Lucien. T'es trop grande bouche du Rhône, Wang, joue au lieu de perturber mad'moiselle. Le Premier monsieur a reçu le César du meilleur acteur pour son rôle de faux agent de joueuses de foot dans *Coups pas francs*, mais Kev Adams était meilleur. Qui a voté pour le Premier monsieur ? On saura jamais, paraît qu'y a pas de jury pour les Césars, c'est les gens du cinéma qui votent. Ils reçoivent une mallette avec tous les DVD des films français de l'année, une copine son père il l'a. C'est les gens du cinéma qui ont voté pour le Premier monsieur. La honte. Moi, je suis plus pour l'avis des blogueurs ou des sites de fans. Pour la nouvelle critique, quoi.

Wang-Jésus, Jésus-moi, moi-Wang, Wang-moi, moi-Lucien. C'est quand même zéro comme choix. Même s'il avait fallu payer pour voter comme à The Voice, le succès du film c'est juste des filles en short qui peuvent pas dire deux phrases. Le Premier monsieur, même à l'écran, il reste juste « le mec de ». Cruel, non ? Tous ceux qui connaissent bien Héliopolis le savent, l'élection de miss et mister Sun

Beach Club est le rendez-vous incontournable de l'été, dit l'animateur. Moi je suis incontournable, dit Jésus. Moi je suis super incontournable, dit Wang. Vingt millions de Français ont vu *Coups pas francs*, c'est marqué sur les affiches dans le métro. Et pourquoi pas tout le pays ? Les comédies c'est la dictature mais je sais pas si les Français sont allés au ciné pour voir le film ou pour voir le Premier monsieur de France, le mec qui fait du sexe avec la présidente. Derrière sa tête à lui, les spectateurs la voient elle. L'année prochaine j'ai le droit de voter pour de vrai mais je sais pas si ça vaut le coup en fait j'aurais trop aimé y aller cet après-midi, lui dire en face qu'il vaut pas plus qu'une étoile sur Allociné, que Neko-chan, mignonne petite Neko, c'est moi. J'ai écrit : *Un film de deuxième division avec un remplaçant en tête de gondole, rien à sauver à part la pelouse*. Jésus n'arrête pas de me renvoyer la balle : tiens mon chien-chien, pour te prouver que je te kiffe je te renvoie la balle. Wang est plus drôle. Son sexe est de taille moyenne, gris.

Lucien-moi, moi-Wang, Wang-moi, moi-Wang. Il a le soleil et le continent dans le dos, à côté de Lucien avec sa barbichette de mec qui s'est trompé de mosquée. Le candidat sur le podium a l'air timide. Il est maigre, trop, grand, trop, il dit : Mon nom est Stanislaw, je viens Pologne, je pratique vie naturelle depuis éternellement, ça me permet être moi-même, je viens tous les étés en France mais première fois à Héliopolis, je suis très croyant en Dieu, nous égaux face à lui, je suis très heureux vous rencontrer ce soir. Allez, on va jouer dans l'eau, ça rafraîchit, dit Jésus. Alors on va se baigner, c'est lui qui porte le ballon. Il fait chaud mais moins que tout à l'heure. L'eau est bonne, une baignoire, avec un tout petit filet de vent. Jésus me lance de l'eau, je dis rien, ça fait du bien sur ma peau. Les trois me lancent de l'eau maintenant, j'en lance aussi et plouf, on tombe. On est tous les quatre allongés dans l'eau, dans le sable, les cheveux trempés. On se relève, on se lance le ballon. Kinji a retrouvé Tomoaki, c'est cool.

Lucien-moi, moi-Wang, Wang-Lucien, Lucien-Jésus, Jésus-moi, les garçons brillent dans le soleil. Le top 3 de mes animés préférés catégorie yaoi c'est, dans le désordre tellement je les aime tous : *Sweet Sweet College*, *Heart Trap*, *Tokyo on Ice*. Là-dessus je pourrais argumenter des heures, et sans payer pour voter. J'aime argumenter mais avec les trois Marseillais c'est pas gagné. Jésus : taille moyenne, cheveux genre corbeau, un peu mignon mais chiant, pas de graisse, genre trop maigre, genre y a pas de dessert dans ma cité. Le Polonais est pas mal ! crie une femme. Les mecs sont mieux cette année que l'année dernière ! crie une autre vieille, les pieds dans l'eau près de nous. Ce soir le vote va être serré vu le niveau des candidats, dit le vieux au micro. Je me dis que personne bande sur cette île, que les mecs font gaffe avec toutes les filles, qu'ils sont tous polis. Peut-être qu'ils bandent juste dans leur tête. Que fout ma mère ?

Wang-moi, moi-Lucien, Lucien-Jésus. Jésus dit : T'es sûre que tu veux pas nous accompagner au camping, on sera pas longs ? Je vois ses potes qui guettent ma réponse comme les résultats du brevet. Je vois Lucien qui m'épie l'air de rien, fausses Ray-Ban Wayfarer sur le nez, blanc aspirine, genre vampire au soleil avec téléphone-tensiomètre sur le bras, pas beau mais pas laid, aucun charme particulier, sexe très long. Je vois Wang qui attend l'air de rien, lunettes de soleil à monture jaune, grand, mince, musclé, beau sourire, j'aime bien. Jésus dit : Allez Miko, on y va ! On prend des fringues et on revient, vaut mieux prendre un T-shirt si ça caille tout à l'heure. Je réponds : Je vous suivrais bien au camping mais y en a pas sur l'île. Ton camping existe pas, on campe pas sur l'île, c'est une île de bourges à l'hôtel ou en location. Où est-ce que vous avez caché vos fringues ? Je les vois qui se regardent, gênés. J'ajoute : Moi je dois rester, j'attends ma mère, je te l'ai déjà dit, t'as pas compris ? Et puis y a le concours mister Sun Beach Club, je veux pas rater les mecs qui défilent. Je veux pouvoir faire mon choix. Moi je m'en fous du concours, c'est trop la honte de se présenter à ça, dit Lucien. Non, non c'est pas la honte, dit Wang, chacun fait ce qu'il veut dans la *life.* Je dis : Et vous, vous voulez pas monter sur le podium vous la raconter un peu, comme ça on va voir ce que vous valez pour le public ? Je vais réfléchir, dit Jésus, j'ai mes chances.

Julie marche sensiblement moins vite. Les muscles de ses cuisses et de ses mollets commencent à fatiguer. Ses pieds sont endoloris, sales, noirs au talon et entre ses orteils, sur le plastique humide de sueur de ses tongs. LE MENTAL COACHING PEUT VOUS FAIRE RAJEUNIR DE CINQ À DIX ANS. Elle enlève ses lunettes de soleil qui ne la protègent plus mais obscurcissent à présent sa vision. Elle voit soudain mieux, dans une demi-lumière crépusculaire – la nuit tombe vite en Méditerranée, au mois d'août, comme un rappel à l'ordre métaphysique et social, c'est déjà la sortie, c'est bientôt la rentrée. Elle croit reconnaître les lieux, les arbres, les ronces, l'enceinte de pierres sèches. Oui, elle les reconnaît. LA PEUR DU NÉANT EST LE DÉBUT DE VOTRE TRANSFORMATION. Des larmes mêlées à la poussière végétale souillent son visage. LA MORT N'EST PAS UNE EXPÉRIENCE MAIS UNE RENCONTRE. Elle ouvre doucement la porte du cimetière, avance sans crainte, sûre de son chemin parmi les tombes. AUJOURD'HUI, VOUS ÊTES DÉPENDANT DE MOI. DEMAIN, VOUS NE LE SEREZ PLUS. Il y a du monde. Il n'y a personne. Elle parle à voix haute, crie à la volée, comme si elle était à la recherche d'un animal égaré : « Giacomo, Giacomo ! Où es-tu ? Si c'est une mauvaise farce, elle a assez duré ! » Puis elle s'arrête devant la tombe où ils ont fait l'amour, secoue la tête, et dit : « Salaud ! »

Passé un long moment de prostration, elle hausse les épaules de dépit, se résout à partir. Le soleil coule des pins et des oliviers, embaumant les tombes et le nom des morts. Elle avance, somnambulique et choquée. Elle a soif, s'abreuve au point d'eau au centre du cimetière. VOUS DÉSIREZ L'IMMERSION, LA VRAIE. LE VRAI BAPTÊME. UNE RENAISSANCE. Elle remplit un arrosoir, nettoie sa peau de son histoire immédiate. Des guêpes dansent à ses pieds, près de la grille d'évacuation. La poussière, la sueur, le sperme sur ses cuisses et le sang sur sa poitrine disparaissent sous un déluge tiède. Elle remplit de nouveau l'arrosoir, mouille ses cheveux, son visage. LE BONHEUR EST UNE DÉCISION. Elle reprend son chemin comme si elle sortait du bloc douches d'un camping municipal. Mais elle est encore dans le cimetière de l'île et il y a toujours ces tombes qui insistent, il y a toujours ces allées couvertes d'aiguilles de pins sur la terre sablonneuse.

Elle se trouve à présent face à la stèle qui rend hommage aux enfants bagnards morts sur l'île. Elle aperçoit le reflet de son visage sur le laiton de la plaque funéraire, parmi les noms des enfants. La plaque brille au soleil, comme si elle s'en nourrissait, comme un nourrisson du lait d'un sein. Les bras de Julie pendent le long de ses cuisses. Ses yeux sont immobiles. Elle est de nouveau une statue dans le cimetière silencieux.

Moi, c'est Julien, je n'ai jamais eu de mère. Je suis mort de faim, j'avais quinze ans !

Moi, c'est Baptiste, je suis mort d'épuisement, j'avais quatorze ans !

Moi, c'est René, je suis mort de maladie, j'avais dix-sept ans !

Moi, c'est Victor, je me suis noyé en tentant de m'évader, je sais pas quand je suis né mais je sais quand je suis mort !

Elle tente de partir mais demeure pétrifiée. Sa bouche est ouverte, ses doigts écarquillés.

Julie, adopte-moi !

Non, moi !

Julie, toi tu es libre, moi je ne méritais pas de grandir au bagne !

Julie, présente-nous ta fille !

Le froid la submerge. L'eau sur elle ne sèche pas. Elle est glacée, tremble, couverte de gouttelettes, comme des écailles. Elle voit ou croit voir un livre au pied de la stèle : *Les Enfants du Levant*.

Je n'ai volé qu'une fois, du pain !

J'ai étranglé le maître cordonnier qui me battait !

Je n'avais pas de famille, je pensais en trouver une !

Maman, pourquoi es-tu seule ? Toi aussi on t'a abandonnée ?

Maman, pourquoi es-tu nue ?

Julie, je suis Giacomo, je voudrais t'aimer !

Ses muscles se déchirent sous sa peau.

Elle se met à marcher à reculons, les bras tendus, les paumes ouvertes, comme pour conjurer le Sens, le Sexe et le Soleil qui lui ont donné rendez-vous.

Où vas-tu ? Ne nous abandonne pas !

On ne vient jamais nous voir, reste !

Maman, maman, maman !

Elle fuit parmi les tombes.

Moi et les Marseillais on mate le concours sur la plage.

Les yaois c'est mieux que les romans d'aujourd'hui. Y a plus d'histoires d'amour super et pas des phrases pourries au kilomètre. Pourquoi lire un truc de vieux quand tu peux lire un truc de jeunes ? Franchement, pourquoi les écrivains ne demandent pas conseil aux mangakas ? *Bad Love Hackers*, c'est le yaoi le mieux que j'ai lu de l'année. Plus tard j'aimerais être *manga critik*. Les Marseillais disent rien. Ils regardent le mec qui passe pour la deuxième fois : bien de corps mais pas terrible de gueule. Y en a dans le public qui lèvent la main pour voter mais pas eux. Je leur dis : Vous votez pas ? Jésus me dit : Et toi tu votes pas non plus ? Je réponds : Si, je vote, mais à main baissée, je le trouve trop moche, et toi ? Moi, dit Jésus, je m'en fous, je tripe pas sur les mecs. Je lui dis : T'as tort, t'es pas obligé de kiffer un mec pour le trouver mignon, moi y a des filles je les trouve canons. Restez bien la main levée pour que les membres du jury puissent compter les voix du public, dit le vieux avec son chapeau de cow-boy. Et toi Lucien, tu votes pas ? Je suis pas un pédé. Et toi Wang, tu votes pas ? J'attends les girls pour voter mais déjà direct je vote pour toi, ouais je vote pour toi Miko, t'es bonne comme une glace. Les trois Marseillais éclatent de rire et moi je leur dis : Non, tu voterais pas pour moi. Pourquoi il voterait pas pour toi ? demande Jésus qui a arrêté de bouder parce que tout à l'heure je lui passais plus le ballon. Je dis cash à Wang : Tu voterais pas pour moi parce que je suis pas terrible, j'ai de l'acné et je suis plate, y a mieux que moi sur l'île. Pas vrai t'es bien en vérité ! dit Lucien. Non je suis pas terrible, mais l'avantage c'est que moi je suis seule, donc c'est pour ça que tu voterais pour moi. En fait je suis la candidate unique. Mais c'est pas grave, je te comprends, en plus vous savez pas où dormir. Allez, allez, calme-toi Miko, dit Wang. C'est vrai que t'es pas une bombe mais t'es pas non plus un pétard mouillé ! Les trois rigolent et je vois leur sexe qui rigole aussi. Et nous comment que tu nous trouves Miko ? demande Lucien. Comment que je vous trouve ? Je prends mon temps pour réfléchir, faut jamais parler trop vite, faut imposer son rythme, comme dans un bon yaoi. Sur scène y a un mec les jambes et les bras écartés qui imite le dessin de Léonard de Vinci sur l'humanisme Manpower. Il est super bien foutu, je dirais vingt-trois / vingt-quatre ans max, pas bien rasé volontairement, sauf son sexe. Il est brun, les cheveux en bataille. Il a l'air content. Il a un collier autour du cou mais je vois pas bien ce que c'est. Oui, il est pas mal, ce soir il a ses chances pour l'élection. Y a plein de mains levées, le jury les compte à voix haute, c'est un peu chiant, le public siffle. Je me retourne vers les Marseillais, je dis : Comment je vous trouve ? Juniors, oui, si je vous compare au mec là-bas vous êtes des juniors et lui c'est un homme. Ils rigolent jaune.

Lucien me dit: Ouais, mais moi j'en ai une plus grosse, la mienne elle est pas junior, elle est grave senior. Je me dis: C'est pas faux, bon point pour Lucien, quatre étoiles sur Allociné. Sur le coup je sais pas quoi répondre alors je mate le podium et j'écoute l'animateur: Alex a obtenu un total de soixante-douze voix, pour le moment c'est lui qui est en tête, on l'applaudit bien fort, et maintenant c'est au tour de Henri de faire son deuxième passage pour nous faire admirer son corps et essayer de nous convaincre. Je dis à Lucien: C'est vrai que c'est toi qui as la plus grosse de vous trois mais j'espère que tu me filmes pas avec l'iPhone sur ton bras parce que j'ai pas envie de finir sur Youtube. Les trois rigolent. Allez, allez sois un peu cool, dit Wang, on est juniors mais sympas, et toi aussi t'es junior, t'as même pas de seins, t'es comme un mec. Ouais, t'as pas de seins, toi aussi t'es junior, dit Jésus. On est une équipe junior mixte, dit Lucien. D'un coup je dis: Fermez les yeux, et ils disent: Pourquoi? Je répète: Fermez les yeux. OK, OK. Ils ferment les yeux et je dépose un baiser sur les lèvres de chacun, une fois, juste une, en prenant mon temps, par ordre de préférence: Wang d'abord, puis Lucien, puis Jésus – il est chiant mais je peux pas être total salope en embrassant que ses deux copains. Ils ouvrent les yeux et se regardent, genre trop contents. La lumière est rouge, y a plus de soleil mais la lumière est rouge et le sable tout chaud sous mes pieds. Wang me dit: C'est vrai que tu attends ta mère? Je lui dis: Pourquoi tu crois que je garde ses affaires? Bon, on va au camping? demande Jésus. Les trois rigolent. Je te dis que j'attends ma mère. Lucien dit : Tu nous embrasses encore un coup ? Je sais pas. Allez, allez ! dit Jésus. Bon, fermez les yeux. Wang-Lucien-Jésus, tout doucement, une fois, juste une fois, tout lentement sur les lèvres des Marseillais. Je dis : Ouvrez les yeux les garçons, le rêve est fini. T'es trop folle, toi, me dit Lucien. Ben oui, tu t'attendais à quoi ? T'aimerais encore que je t'embrasse ? Oh oui, dit Lucien. Les autres le regardent en disant : Nous aussi on aimerait bien que tu nous embrasses encore mais on aimerait encore plus aller au camping qui existe pas, ouais, on aimerait y aller avec toi, nous trois et toi, OK ? Allez, sois cool ! dit Lucien. Je dis : Du calme, c'est la preuve que vous êtes juniors, vous êtes trop pressés, faut prendre votre temps, faut être des hommes, les hommes prennent leur temps. Faut attendre encore un peu. Faut attendre le concours miss Sun Beach Club pour voir ce qui va se passer ce soir entre nous. Peut-être qu'après le concours vous me préférerez plus. On sait jamais. Vous préférerez les filles du concours avec des gros seins. Vous avez le droit, on est en démocratie. Les trois rigolent jaune, alors je dis : Lucien, tu veux que je t'embrasse ou quoi ? Il répond direct : Grave. Alors donne-moi l'iPhone qui me filme sur ton bras, donne-le-moi et je t'embrasse. Lucien regarde ses potes. Maintenant il me regarde et dit : OK, OK, tu m'embrasses avec ta langue si je te le donne ? Je dis : Marché conclu. Alors il sort l'iPhone de son bras, super doucement, genre il rend son flingue au shérif. Il dit : T'es une killeuse Miko, j'ai envie de te lécher comme une glace. Je le vois qui regarde ma chatte, puis il me donne son appareil, lentement. Je prends l'iPhone sans le quitter des yeux, comme ça, genre c'est moi le shérif en fait, je suis prudente avec les mecs dangereux, voilà, *game over*. Je vais sur Menu, je coupe la fonction Caméra, j'efface le fichier Vidéo. J'éteins la Machine.

Julie aperçoit des lueurs marines qui déchirent la brousse littorale, au-delà du sentier qu'elle suit mais dont elle n'est pas sûre – il se divise par endroits, sans balisage, de sorte qu'il est difficile d'estimer quelle est la voie principale et la voie secondaire.

LE SURVIVALISME EST UN PRIMITIVISME, LE TRANSHUMANISME UN FAUX ÉTERNISME, RÉAGISSEZ.

Elle respire fort, la poitrine couverte de moucherons aussi turbulents que la lumière à l'horizon, qui surligne comme une vapeur l'imminence d'un trait de côte.

Un champ d'éoliennes apparaît à l'horizon, sur la crête d'une falaise. Les trois doigts des machines familières tournent lentement sur eux-mêmes, en un ballet désynchronisé, obsédant, et lui font signe : Viens, viens, Julie, l'issue est proche.

Elle accélère le pas. Mais plus elle avance plus l'image recule, et maintenant le ciel se confond avec l'horizon et devant elle il n'y a : rien.

Elle serre les poings, tente de se ressaisir.

JE M'AIME, JE ME COMPRENDS, JE M'OBSERVE, JE ME TROUVE.

Elle pleure, marche, semi-hébétée.

Des buissons de criste-marine en fleur prolifèrent soudain au ras du sol rocailleux, jaunes aux reflets verts, nourris de vent et d'embruns, exclusifs – c'est la fin de la végétation régulière de l'île.

Le sol se met à décliner, abrupt, brutal – seize pour cent de pente, d'un coup.

Son bras gauche se lève et fait contrepoids. Ses pieds se mettent d'eux-mêmes de travers pour éviter de prendre de la vitesse. Sa main gauche touche le sol.

JE ME PARDONNE, JE ME CHERCHE, JE M'ADOPTE, JE ME CHANGE.

La mer, enfin.

La plage, le Sun Beach Club.

Neko.

Puis la pente s'adoucit.

Et c'est soudain une grève rocheuse, face à la Méditerranée sans limite.

Non !

Le continent est dans son dos. Sa fille aussi. La promeneuse égarée se trouve à l'extrême sud-est de l'île, face au Levant invisible. Elle sanglote. Un vent très faible caresse sa peau. Vers l'ouest, il y a de longues traînées de sang sur la mer, mais plus de soleil. Il y a surtout un phare illuminé, blanc espagnol, vertigineux, au sommet rouge. La promeneuse se dirige vers l'édifice. JE SUIS CAPABLE DE TOUT, susurrent ses lèvres sèches, comme si elle voulait s'en persuader, comme si la vie était une question de croyance, comme si approchait pour elle la fin d'un cauchemar, d'une mauvaise farce faite par un être inconséquent rencontré sur le web, le dénouement d'un trouble roman d'été dont elle n'aurait pas pensé être l'enjeu en se rendant à la plage ce matin avec, sous le bras, *Mental Coaching, ma méthode, mes succès*, de Paul Béranger. Parvenue au pied du bâtiment, Julie se rend cependant à l'évidence : au XXIe siècle, les phares sont automatisés, sans gardien. À bout de nerfs, elle contourne la masse inerte, continue sur le sentier clair et vide. JE SUIS CAPABLE DE TOUT. Tiens, une odeur de feu. Sur le versant nord de la falaise se tient une maison isolée, près de laquelle montent des flots de fumée âcres et odorants, vaguement médicinaux, et comme purifiants. Sûrement un feu de jardin – mauvaises herbes, pieds d'eucalyptus et de verveine sauvage –, pourtant interdit l'été. Julie se dirige vers la maison du salut, JE SUIS CAPABLE DE TOUT, monte une pente sévère, peine. Elle s'arrête devant un portail délabré avec une plaque *Attention : chien méchant.* « Y a quelqu'un ? » Un homme obèse et velu, la peau mate, craquelée, les cheveux sales, cendrés, les yeux bleus, décolorés, bientôt blancs, le sexe sombre, recroquevillé, lui ouvre, les mains protégées par des gants de jardinage. « J'ai un petit problème, lui dit Julie, je cherche la plage. » L'homme hoche la tête. « À pied, c'est trop loin maintenant », répond-il, ou croit-elle entendre, car il n'a plus de dents, ou presque, seulement quatre canines autour d'une langue rose. « C'est un sans-dents », pense-t-elle aussitôt, et elle associe furtivement ce constat à l'image de la denture immaculée de la présidente en vacances à Brégançon, et elle hoche la tête à son tour, tandis qu'un chien hurle à la mort, retenu par une chaîne affolée, on ne sait où.

Moi et les Marseillais on prend des consos au Sun Beach Club.

Je demande un Fïnley, eux un truc Energy je sais pas quoi. Y a du monde partout en fait. Trop. Les gens se touchent de plus en plus peau contre peau, j'aime pas, j'aime bien quand y a un peu de vide entre les gens. Jésus prend des chouchous chauds pour tout le monde, il paye avec un billet de cinquante en me souriant. Je lui plais à mort, il en peut plus, les lunettes remontées sur le front. L'animateur sur le podium dit : Votez nombreux pour Tarkan, notre dernier candidat, après il sera trop tard. Tarkan : petit, maigre, super mat, les cheveux frisés noirs, un long sexe qui pend genre ampoule électrique. Il titube, on dirait qu'il a bu. Il rigole tout seul. Il me plaît pas. Il dit avec un accent de je sais pas où : Allez, votez Tarkan ! et il montre les muscles de ses bras mais il en a pas. Je lève la main histoire de soutenir le naze de la soirée. Les garçons votent toujours pas. Le vieux compte au micro les mains levées dans le public. Il annonce douze voix. Douze voix, c'est pourri. C'est le plus petit score de l'élection. Wang dit : Tu votes pour les losers ma parole ! Jésus dit : Non, elle aime les Turcs. Lucien rigole. Tarkan a l'air déçu mais dit en mode fair-play : L'essentiel est de participer. Puis il trace. Le vieux avec son chapeau de cow-boy dit qu'il va annoncer le résultat final avant l'élection des filles. Il appelle tous les candidats à se réunir sur scène. Les Marseillais ont leur serviette autour du cou et leur sexe a l'air plus gros que tout à l'heure, surtout celui de Lucien, j'ai l'impression qu'il a doublé de volume : ça veut dire que c'est bientôt la nuit. Ma mère est toujours pas rentrée, elle craint. Les Marseillais sont rasés, on dirait des sexes d'enfants, ou des jouets. Comme tout le monde ici ils sont rasés. Y a que moi qui aie des poils sur l'île. Le Fïnley pétille, j'adore. Dans le manga y a de plus en plus de placements de produits genre on cite des marques à droite à gauche au début, au milieu ou à la fin de l'histoire pour se faire du fric. Y a ça aussi au ciné et dans les séries TV et même dans les romans mais ça coûte pas cher car personne les lit. Les candidats sont réunis bras dessus bras dessous. L'animateur dit : *And the winner is… Stanislaw !* Il lui prend le bras, le lève, et toute la plage l'applaudit sur le sable ou dans l'eau, et les vaincus à côté de lui l'applaudissent. Stanislaw dit : Grand honneur pour moi être mister Sun Beach Club ce soir à Héliopolis, France, alors que moi je viens de Cracovia, Pologne, je tiens féliciter mes camarades mais ce soir pas de vainqueur, nous tous égaux face à nature, la vie naturelle et l'amitié entre les corps ont gagné, avec tous les événements durs de la planète, ça fait du bien d'être ensemble. Lucien, Jésus et Wang sont autour de moi. En fait ils m'entourent genre un triangle. Ils matent pas l'annonce du résultat, ils s'en foutent, ils matent ma chatte, et puis d'un coup y a un problème. Y a des cris mais pas des cris de joie parce que y a Apollon sur le podium, non, c'est des cris de panique. Je vois des types qui s'énervent près de l'eau. Ça y est, je comprends, ils viennent de choper un mateur. Un mec en tenue de plongeur. Un homme-grenouille planqué derrière la cabane des maîtres nageurs. Il matait le concours tranquille mais là il est traîné par trois mecs direction la Méditerranée. Allez mon ami, tu viens de l'eau t'y retournes ! Le migrant conteste pas. Il est noir caoutchouc et galère avec ses palmes. Deux mecs le tiennent par le bras. C'est les risques du métier sur Héliopolis quand on est mateur professionnel. Il aurait dû être : mateur professionnel nu, ça se serait moins vu. Ça y est, ils le relâchent, l'homme-grenouille plonge et retourne là d'où il est venu, sûrement un bateau pas loin. L'incident est clos. Tout le monde est de nouveau nu sur l'île. Le concours continue, l'animateur dit : Après les garçons, les filles, après mister Sun Beach Club, miss Sun Beach Club pour la plus belle soirée de votre été. Y a la musique qui reprend. Julien Doré version club : *Se dorer / L'été / Sur la plage / Pas sage / Oh oh oh.* J'espère qu'il n'y a pas de problème avec ma mère. Toutes nos affaires sont avec moi. Même si le vol ça existe pas ici, j'ai pas abandonné le livre débile qu'elle s'est enfilé ce matin. Je préférerais qu'elle rentre maintenant. Bon, je vais pas trop m'inquiéter quand même, il fait pas encore nuit. Manjiro, c'est le Mal. Se dire : Je récupère mon ancien mec et je pollue le disque dur sentimental de la planète pour me venger, c'est chaud. Kinji il est trop chou, trop fragile. T'as trop envie de le protéger. Y a Jésus qui me dit : T'es de quelle religion ? Je lui dis : Euh, j'en ai pas. Il me dit : Ben si, on a tous une religion. Je lui dis : Je te dis que j'en ai pas, et toi c'est quoi ta religion ? Il me dit : Je suis araméen, tu connais ? Non, je connais pas. Il me dit qu'il parle la langue de Jésus et que c'est pour ça qu'il s'appelle Jésus et il commence à me sortir des sons bizarres et ses deux potes rigolent. Ils me serrent de plus en plus, le triangle se referme. Y a une fille qui arrive sur le podium. Il fait encore un peu jour mais ils ont mis un spot sur elle genre la déesse du stade. Elle dit : Bonjour je m'appelle Gwendoline, je viens de Quimper, je suis libraire, je me sens bien parmi vous, comme dans un bon roman. Elle est grande, un peu grasse. Elle doit manger trop de crêpes. Elle a des cheveux blonds super longs, une torsade de cheveux sur sa poitrine, de gros seins qui ont l'air fermes. Elle doit plaire. Je voulais vous dire que quel que soit le résultat ce soir, je suis fière de participer à cette élection. Lucien dit : Putain elle est bonne ! Puis il se tait mais il y arrive pas et il me dit : Pourquoi t'as des poils, toi ? Je lui dis : Parce que toi t'en as plus. Et donc si t'en as plus, ça veut dire que t'en avais. Moi je les ai gardés. Je le vois réfléchir. Il revient à l'assaut mais Wang le coupe et dit : Ouais, pourquoi t'as des poils alors que personne en a ? Le *dress code* ici c'est zéro poil mais toi t'en as. Dis-nous Miko : Pourquoi t'as des poils, hein ? Et alors là je dis : Mon ancien mec voulait que je me les rase, il arrêtait pas de me demander : Rase-toi pour me faire plaisir ! et un jour il m'a offert sans prévenir un bon pour l'esthéticienne. Alors du coup ça m'a énervée : j'ai gardé mes poils et mon mec il est devenu mon ancien mec direct. Sérieux, tu l'as largué pour ça ? dit Jésus. Oui, c'est pour ça que je l'ai largué. C'est pour ça que t'as encore du poil à la chatte, vrai ? demande Lucien en rigolant.

Et vous les mecs, c'est où que vous les avez perdus vos poils ? Nous ? Chez une pro du poil, dit Jésus, et ils éclatent de rire. Y a longtemps ? Allez, dites-moi les mecs, c'est quand que l'esthéticienne vous a rasés ? Lucien est clair et net, il dit : Ben à toi on peut te le dire parce que toi t'as des poils, mais en vérité c'était hier qu'on a perdu nos poils. Avant de venir sur l'île on pensait que si on avait des poils on n'était pas sûrs d'être acceptés. Ouais, dit Wang, y a du racisme. Si t'as des poils, peut-être que t'as pas le droit de te montrer sur les îles où les gens sont tous à poil sans poils. Les filles sur le podium y en a pas une seule qui a des poils.

Bonjour je m'appelle Coraline, je suis de Bormes-les-Mimosas. Je suis un peu la régionale de l'étape. Je travaille au Conservatoire du littoral. Elle est petite, brune, bronzée, avec une fleur rouge dans les cheveux, et une super poitrine genre 95 D. Il va être temps que ma mère arrive, j'ai pas envie d'aller voir les flics pour disparition. Jésus dit : L'esthéticienne nous a fait un prix de gros pour nous l'épiler à la cire en même temps à nous trois. Cent euros. Putain moi j'ai eu mal, dit Lucien. J'ai cru qu'elle allait me l'arracher, j'te jure. Wang dit : Moi j'ai rien senti avec la fille parce qu'elle sentait bon la lavande et qu'elle était trop bonne. Jésus dit : Moi j'ai eu mal mais je voulais trop venir ici au paradis, je voulais pas prendre de risque et qu'on nous dise : Non, c'est interdit car vous avez des poils. Et maintenant on est super contents d'être là. Nous on n'est pas les Marseillais en Thaïlande sur W9, on est les gars d'Endoume à Héliopolis. En vrai on est avec toi. Pas vrai Miko qu'on est avec toi ? Tu nous embrasses encore un coup ? Alors OK je les embrasse encore un coup, un par un, ils sont sympas quand même. Ils me tiennent compagnie pendant que ma mère n'est pas là. L'animateur dit : Que de jolies filles ce soir, la nature a bien fait les choses… J'appelle Dorothy sur le podium. Ohhh, alors elle elle a un physique trop bizarre. On dirait que ses jambes ont été rallongées et son nez raccourci. Elle est blanche, genre elle vient d'arriver sur l'île en ambulance. Les cheveux courts châtains, un peu garçon, de petits seins genre 85 B, peut-être un ancien mec opéré. Elle dit d'une voix super snob : Bonsoir à tous, j'ai trente-trois ans, je suis professeure de dessin aux Beaux-Arts d'Orléans, mon artiste préféré est Hans Bellmer. Des mecs la sifflent. Jésus dit : Bon, t'as envie ou quoi ? Je dis : Envie de quoi ? Ça te dit un plan à quatre ? demande Lucien. Je réponds : Ben c'est déjà un plan à quatre, je vous embrasse c'est cool, non ? J'attends ma mère, je peux pas partir. Jésus dit : Allez, viens, ta mère c'est pas vrai, nous on n'a pas de camping mais si ça se trouve toi t'as pas de mère. Je te dis que j'attends ma mère, ça va pas être possible, confonds pas tout. Jésus dit encore : Si tu veux, t'as qu'à juste nous sucer déjà que tu nous embrasses y a pas de différence ! Je dis rien. Ils rigolent pas ils bandent. Wang dit : On bouge ? Je dis : J'ai autre chose à vous proposer. Lucien dit : Quoi ? Je dis : Ben je vous regarde baiser, j'ai jamais vu des mecs baiser entre eux. Après si ça me plaît je baiserai peut-être avec vous. Wang dit : Tu rigoles ou quoi ? Lucien dit : Moi je baise avec toi et eux ils baisent entre eux, OK ? Ses copains rigolent pas. Non non, je dis Je te regarde sucer Wang et après t'encules Jésus et moi je mate, ça ça me plairait. On fait ça ? Ils disent rien puis Jésus place sa main sur ma chatte. Je le préviens : Enlève ça tout de suite. Il me regarde genre fier de lui : Allez, on bouge au camping, sois cool ! Je dis : Qu'est-ce que tu fais, là ? Il s'enlève pas alors je lui colle une gifle. Ses deux copains reculent direct. Je dis : De la part de Manjiro, mon mec, refais jamais ça. Jésus l'Araméen se tient la joue genre blessé. Ses potes savent pas quoi dire. Wang s'énerve : T'es violente ma parole, maintenant y a des gens qui nous regardent ! Lucien dit : Miko en vrai je m'excuse pour Jésus, il a une bite à la place du cœur. Je regarde Jésus qui a la trace de mes doigts sur la gueule et je lui dis en le montrant du doigt : Tu m'approches plus, OK ? Sinon j'appelle mon mec, il te retrouve et te défonce direct. Lucien dit : T'as un mec ? Je dis : Ouais, mais tu m'as pas posé la question. Wang s'excuse : On savait pas, Miko. Je précise : Mais en vacances je fais ce que je veux. Je m'approche de lui, je prends sa tête entre mes mains, et je l'embrasse.

Une frêle embarcation type pêche-promenade d'une longueur de 3,20 mètres, équipée d'un moteur sous-puissant Evinrude 8 CV, immatriculée à Toulon, et répondant au nom de *Filou II*, longe d'est en ouest, par le nord, l'île du Levant, avec à son bord une femme protégée par un gilet de sauvetage et un homme avec rien d'autre sur lui que sa peau, sa bienveillance et une absence de dents. La mer est calme, rouge sombre, saluée par les falaises de schiste à bâbord. Une légère brise marine glisse dans les cheveux de Julie. Elle écoute en se concentrant les paroles du sans-dents qui, quand il ouvre la bouche, a une tête de bienheureux.

« Z'avez de la chance d'être tombée sur Lulu. »

À tribord, les lumières du continent : Le Lavandou le samedi soir.

« Cinquante ans que je navigue ici, j'en ai vu du beau monde. »

Des voiliers de luxe mouillent devant l'île. Sur le pont du *Queen of the Sea*, des Bataves prennent un apéritif au champagne et lèvent leur coupe à la santé des passagers du *Filou II*.

« Y a beaucoup de riches par ici, des fois, ils se moquent de moi avec mon petit bateau. »

Julie ne l'écoute plus. Elle a la chair de poule.

JE CROIS EN VOTRE DÉVELOPPEMENT MENTAL.

« En face, c'est Port-Cros. Z'avez vu tout ce que vous avez marché, toute l'île à pied ?! »

Au loin, les bribes d'une voix portée par une sono : « Josépha… vingt-huit ans… Vous plaire… »

« Là-bas c'est le cap des Sirènes, on arrive à la plage. Mieux vaut tard que jamais. »

Des votants, de l'eau à mi-cuisses, la main levée, ou pas, comme des figurines de cuivre ; un podium illuminé par des spots, une jeune fille blonde qui parle au micro – Josépha, certainement.

« Ce soir, un rêve peut se réaliser grâce à vous. »

VOUS CROYIEZ PEUT-ÊTRE QUE VOUS N'ÉTIEZ RIEN, MAIS C'EST FAUX.

Et si Giacomo l'attendait à la plage ? S'il avait testé son abnégation, sa débrouillardise, son courage, sa sincérité – en un mot son amour ? se demande-t-elle alors que le rivage approche, convivial et joyeux. Et si Giacomo avait fait la connaissance de Neko ? Si tous deux l'attendaient en évoquant son exceptionnel tempérament de battante ?

VOUS ÊTES UNE CHAMPIONNE.

« Je suis Chloé, j'ai vingt-quatre ans, je viens de Dax et je travaille à Paris. Je suis actuaire chez Axa. »

Giacomo ? Neko ? L'homme de sa vie et sa fille adorée en train de l'attendre au Sun Beach Club ? Eux deux, bientôt, pour elle toute seule ? Giacomo ! Neko !

Une histoire à succès pour la deuxième partie de votre vie de femme.

« Heureux d'avoir rendu service à une jolie petite dame comme vous, n'hésitez pas à repasser voir Lulu, je vous donnerai du poisson. »

Allez, allez, amis levantins ! Astrid a besoin de vos encouragements pour la victoire finale, dit l'animateur coiffé d'un chapeau de cow-boy, au corps ensoleillé sous la lumière conique des projecteurs. Neko ne l'écoute pas, le visage en mouvement, l'expression charnelle de ses lèvres limitant sa capacité auditive externe et stimulant au contraire ses désirs les plus sourds, les plus implacables, les plus enfouis – elle entend, comme un appel, un long souffle venu de la nuit, ou de la mer, ou d'elle-même, de son cœur, de ses yeux, de ses rêves, du lointain pays du Sens : JE SERAI *MANGA CRITIK*. Et elle songe fugitivement au dossier spécial rentrée yaoi auquel elle devra bientôt contribuer sur Yaoi-world.com, où elle présentera à coup sûr la série *Bad Love Hackers* de la mangaka Atsuko Endô, dans la collection X-trem boys love des éditions Tanaga. Neko se dégage soudain de Jésus et se tourne vers Lucien, qu'elle attire à elle et embrasse généreusement, mécaniquement, comme si le garçon était un agréable élément de l'ambiance générale, son silence à vif et la chevaline érection contre sa cuisse valant mieux que l'audition de ses précaires capacités verbales ; comme si, à travers lui, la jeune lectrice pouvait obliquement toucher le sexe de la critique. Des phrases se forment dans sa tête. C'est plus fort qu'elle, des phrases se forment dans sa tête et elle écrit : LE *YŌKAI* DU YAOI VOUS A FAIT UN SALE PLAN : CET ESPRIT MALÉFIQUE VOUS A ENVOYÉE SUR UNE ÎLE DÉSERTE AVEC UNE SEULE SÉRIE DANS VOTRE VALISE JUSQU'À LA FIN DES TEMPS ET TROIS MECS MIGNONS À VOS BASQUES, ARGHHHHH ! Neko a les paupières plissées sur deux fentes humides ; ses camarades de jeux ont eux les yeux grands ouverts, emplis d'elle, de sa présence blanchâtre, presque phosphorescente, assombrie par la tombée de la nuit. La plage des Sirènes est maintenant peuplée de corps impatients et d'yeux en quête de l'élue d'Héliopolis. Comme dans un jeu de gigognes social à la recherche de sa pièce parfaite, de son apothéose.

Et maintenant, Azuréa va venir jusqu'à nous. Les mains de Lucien glissent vers les fesses de Neko, qu'elles aimeraient caresser et ouvrir, mais la jeune fille le rappelle à l'ordre en séparant ses lèvres des siennes, puis en remontant les pinces à cinq doigts qui voudraient agripper sa chair. Pleine de mansuétude, elle le regarde – il a donc recommencé –, frotte son nez contre le sien, puis l'embrasse de nouveau, sans se demander si elle est un peu allumeuse ou carrément incendiaire, sans rien se demander finalement, elle-même dévorée par sa propre libido critique (*libido critikendi* chez saint Augustin). EN FAIT LE *YŌKAI*, L'ESPRIT MALÉFIQUE, C'EST VOTRE MEILLEURE COPINE, UNE VRAIE *BITCH*. C'EST ELLE QUI VOUS A DIT DE PRENDRE LA SÉRIE *BLH* EN VACANCES MAIS VOUS VOUS MÉFIEZ TOUJOURS DE L'AVIS

DES COPINES, PLUS ENCORE QUE D'UNE BOOKTUBEUSE QUI FRIME AU MILIEU DES NOUNOURS DE SA CHAMBRE. Lucien semble heureux d'avoir été de nouveau pardonné et ses bras sont redevenus sages autour du cou de Neko. Mais une main virile se pose sur l'épaule du jeune homme, ce qui veut dire : c'est mon tour. Wang fait maintenant face à la jeune fille, près de Lucien résigné et de Jésus les bras ballants, la bouche ouverte, les yeux vides, la joue toujours endolorie. ET PAS DE WIFI SUR L'ÎLE POUR VOUS FAIRE LIVRER UNE AUTRE SÉRIE PAR UN ESCLAVE AMAZON EN CAS DE DÉFAUT SUR LA MANGA MARCHANDISE. Wang sourit à Neko. Neko sourit à Wang, peut-être aussi à l'Asie dans son nom, sur son visage, sur ses yeux, même si elle eût préféré un vrai prénom japonais. Et ils s'embrassent. DIRECT VOUS OUBLIEZ TOUT ENTRE TOKYO, SAN FRANCISCO, LA MAISON SECRÈTE OÙ MANJIRO A CAPTURÉ KINJI ET LES PC PARASITÉS PAR LA MALADIE D'AMOUR BAD LOVE HACKERS. Et ils s'embrassent follement sous les yeux jaloux et impatients de Lucien et Jésus. Et ils s'embrassent encore et lui bande et elle entend des voix, comme Jeanne d'Arc. ÇA MÉLANGE LE GENRE FIN DU MONDE, LE PLAN AMOUR À TROIS ENTRE AGENTS SECRETS TROP JOLIS, ET UN PEU L'AMBIANCE SM – ATTENTION LES FILLES J'AI DIT SM, PAS SMS ! Neko a les yeux complètement fermés. Sa tête tourne de plus belle sur celle du Chinois d'Endoume. Elle a des visions. LES DESSINS DE ATSUKO ENDÔ SONT PLUS RADIOACTIFS QUE LES RÉACTEURS DE FUKUSHIMA, ET SANS DANGER POUR LES YEUX. Puis la force de sa vision est telle qu'elle se détache lentement de son amant buccal. Ses yeux voilés, évidés comme deux fins rectangles maléfiques, errent sur les trois garçons innocents et nus, venus de la mer attirés par une étoile, et ils comprennent ce qu'elle exige malgré leur faible niveau d'études, et ils se présentent à elle simultanément, purs et soumis, trois visages près du sien au milieu de la foule tournée vers le podium, vers l'apparition de Cassandre, Je viens d'un petit village de la région Centre, je suis intimidée, et Neko entend de nouveau une voix qui la déchire et lui révèle le sens de son activité terrestre : LA LECTURE EST UN ACTE DRAMATIQUE.

J'ai rendu mon gilet de sauvetage à Lulu, un brave type mais quel plouc. J'ai compris qu'il attendait un baiser mais je lui ai juste dit au revoir d'un signe de la main et j'ai sauté à l'eau. Zut, j'en avais à hauteur de poitrine, du coup j'ai nagé jusqu'à la plage. La nuit était presque tombée, c'était la fête sur le rivage. J'ai sillonné la cohue, j'avais l'impression que je ne retrouverais jamais Neko, les gens ne voulaient pas bouger à cause d'un vote à main levée pour un concours de beauté débile. J'avais froid, faim, je sentais l'odeur de grillades, n'avais guère le temps de me restaurer et de toute façon pas un sou sur moi. Je commençais à paniquer, j'étais sur le point de demander à des inconnus : « Vous n'auriez pas vu une jeune fille toute seule, grande, mince, la peau très blanche, on est arrivées hier, elle me ressemble, avec des cheveux plus longs ? » Je me suis figée : Giacomo sur le podium, près d'une blonde d'à peine vingt ans avec des seins top. Il était de profil, beau comme un dieu. Je me suis mise à trembler, je voulais hurler son nom mais n'y arrivais pas. Il s'est retourné : non, ce n'était pas lui mais lui en moins bien – un technicien qui réglait le micro. IL Y A

TOUJOURS UNE TROISIÈME FOIS ET C'EST LA TROISIÈME VOIE. J'ai essayé de me calmer, j'ai refait le tour de la plage, je croyais devenir folle, je me suis remise à trembler, me suis frayé un chemin jusqu'au Sun Beach Club en faisant mon examen de conscience : Julie, sois honnête, préférerais-tu à l'instant retrouver Neko ou Giacomo ? Mon inconscient m'a répondu : Giacomo. Si je ne le voyais pas, là, tout de suite, ce serait définitivement fini entre nous ; Neko, je la retrouverais par la force des choses, à moins qu'elle ne se soit fait enlever par des monstres sous-marins. J'ai tenté de retrouver mon transat mais il avait été rangé. La foule était silencieuse, attentive aux discours des candidates. « Je m'appelle Pénélope, je vends des marrons glacés à Collobrières, la capitale du marron, je n'ai pas encore trouvé mon Ulysse, peut-être est-il parmi vous ce soir ? » J'ai aperçu Neko de dos, près du bar. Je savais que c'était elle : oui, c'était elle, sèche et droite comme un I. Neko ! Elle embrassait un jeune homme. Neko… J'ai voulu la laisser tranquille. DEUX INCONNUS SE RECONNAISSENT DANS LA FOULE ET C'EST LE MONDE QUI RECOMMENCE. La voir avec un garçon m'a rassurée, elle ne m'en voudrait pas de mon retard, elle aussi avait le droit de vivre sa jeunesse, j'avais eu raison de la laisser seule. APRÈS MON LONG VOYAGE SEXUEL J'AI UNE DETTE ENVERS VOUS ET LA VIE. Puis elle a embrassé un deuxième garçon, je voyais ses lèvres collées à celles d'un petit brun et sa tête tourner comme le tambour d'une machine à laver, elle s'est dégagée, en a encore… un troisième. Mon sang s'est glacé. J'ai poussé les gens pour m'approcher de ma fille, pour la protéger, j'ai hurlé : « Neko ! » Elle s'est retournée, entourée de ses petits camarades, chacun une main sur sa poitrine et le sexe en érection – de faux adeptes de la vie naturelle, ma fille était vraiment en danger. Elle m'a regardée de la tête aux pieds, m'a dit froidement : « T'as vu dans quel état tu es, tu viens d'où ? » Elle s'est penchée, a ramassé quelque chose, m'a dit en souriant : « Tu l'as eue ta méthode, tu l'as eu ton succès. » Elle m'a tendu mon livre plein de sable.

Composition : Entrelignes (64)
Achevé d'imprimer par
la Nouvelle Imprimerie Laballery
à Clamecy, le 11 février 2016
Dépôt légal : février 2016
Numéro d'imprimeur : 602080

ISBN 978-2-07-017897-1 / Imprimé en France

298053